KB056866

One Line of Wisdom

A Pocketful of Wisdom

내 인생을 바꾼 지혜의 한 줄

One Line
of
Wisdom

크리스 테일러

세상풍경

Prologue

이 책은 단 하나의 질문으로 시작되었다.

"당신의 인생에서 황금 나침반이 되었던
지혜의 한 줄이 있다면 무엇이었습니까?"

나는 자신의 꿈을 실현한 사람들을 통해 성공의 열쇠를 찾아내고 싶었다. 그렇게 찾아낸 사람들은 노벨상 수상자에서부터 올림픽 금메달리스트, 상원의원에서부터 CEO까지 다양하다. 그들은 똑똑하고 창의적이며, 사회적으로 대단한 성공을 이룩한 사람들이다. 이 책을 통해 얻을 수 있는 최고의 가치는 단연 성공한 사람들의 인생 경험을 우리의 삶을 위한 하나의 힌트로 만드는 것이다.

아이디어는 좋았지만 나는 이 작업이 결코 만만치 않다는 것을 깨달았다. 나는 몇몇 사람들의 대답을 보드 위에 붙여 쭉 나열해 보았다. 어떤 이들은 커리어에 대해 이야기했고 어떤 이들은 믿음과 가치를 강조했다. 또 다른 사람들은 태도와 역경의 면면에 대해 이야기했다. 사실 세상에는 각양각색의 사람들이 살아가는 만큼 잘 살기 위한 방법 또한 다양하다. 그래서 더욱 성공한 사람들의 삶에서 단 하나의 가치를 찾아내는 일이 중요했다. 한 사람의 삶을 한 단어, 한 문장, 하나의 메시지로 요약할 수 있다면 그것이야말로 다음 세대의 젊은이들에게 전할 만한 최고의 명언이자 인생의 지침이 아닐까.

나는 성공한 사람들이 가장 중요하게 여기는 생각들을 하나의 책에 담았다. 이 책에서 당신이 읽게 될 내용은 미국에서 가장 성공한 사람들의 진심이 담긴 명언들이다. 그것은 매우 흥미진진하며, 당신의 인생에 고무적인 에너지와 영감을 불어넣어줄 것이다. 이 책이 행복한 삶을 일궈내는 데, 그리고 목표를 이루는 데 훌륭한 자극제가 될 수 있기를 바란다. 이 책에 담긴 메시지들이 바이러스처럼 온 세상으로 퍼져나가길 바란다. 당신이 친구들과 함께 이 메시지들을 공유하고, 당신의 친구들도 역시 그들의 친구와 공유할 수 있기를 바란다. 그러면 성공 스토리가 주는 인생의 교훈은 멀리 퍼져나가 그들의 마음속에 집을 지어 많은 사람들이 행동할 수 있도록 해줄 것이다.

— *Chris Taylor* 크리스 테일러

Goals

목 적 이 있 는 삶

Think not only about what you want to achieve, but why you want to achieve it

이루고 싶은 목표만 생각하지 말고,
이루고 싶은 목표의 이유를 생각하라

66 나는 그레이하운드 개에 관한 옛 이야기를 기억한다. 그레이하운드는 로봇 토끼를 따라 트랙을 돌며 경주를 한다. 어느 날 그레이하운드는 달리기를 멈춘다. 왜냐하면 끝없이 달리고 또 달렸지만 그가 쫓던 것은 살아 있는 토끼가 아니라는 것을 알게 되었기 때문이다.

　어느 순간 나는 내가 오랜 시간 동안 쫓아왔던 토끼가 진짜였는지 의문이 생겼다. 우리가 성공을 보는 시선 − 부, 명예, 권력 − 이런 것들은 대부분 진짜 토끼가 아니기 때문이다. 진짜 토끼를 쫓아 달리는 사람도 많다. 의사, 시인, 예술가, 선생님, 소방관, 그리고 사무실의 바닥을 쓸고 닦는 사람들까지 모두 진짜 토끼를 쫓아 달리는 사람들이다. 당신이 쫓는 것이 진짜 토끼인지를 판가름하는 것은 당신에게 달렸다. 만약 당신이 쫓던 것이 진짜 토끼가 아니었다고 판단된다면, 반드시 진짜 토끼를 찾아라. **99**

− ***John Bogle*** 뱅가드 그룹 설립자 존 보글

만일 당신의 목표가 부, 명예, 권력이라면
그것을 갈망하는 분명한 이유를 생각해야 할 것이다.

Be passionate!

열정적인 사람이 되라!

66 자신이 하고 있는 일에 열정을 가지는 것은 굉장히 중요하다. 만약 당신이 재미를 느끼지 못하는 일을 계속하고 있다면, 하루라도 빨리 흥미를 느낄 수 있는 것을 찾아봐야 한다. 큰 성공을 이룬 사람들은 대부분 자신이 가장 사랑하는 일을 하고 있었다. 그들에게는 일이 정말 일이나 인생의 짐으로 느껴지지 않는다. 당신이 사랑하는 일을 찾는 데 시간을 투자하라. 그 일은 당신에게 가장 적합한 일이며, 당신의 흥미를 불러일으키는 일일 것이다. **99**

— ***Donald Trump*** 트럼프 그룹 CEO 도널드 트럼프

 지금 가고 있는 길이 안정적이라고 해서 그대로 안주하지 마라. 그 길의 끝에는 아무것도 없다.

Give back

베풀어라

66 사회에 되돌려주어라. 기부든, 봉사활동이든 사회에 돌려줄 줄 아는 사람이 되라. 사실 사회에 기여하는 행위는 굉장히 즐거운 일이다. 그것은 당신에게 굉장한 기쁨과 만족, 삶의 자양분을 준다. 사람들은 공익사업이 자신이 하는 일에 별로 도움이 안 될 거라 생각하지만, 사실은 그 반대이다. 99

— *Madeleine Albright* 전 미국 국무부 장관 매들린 올브라이트

 당신이 속한 크고 작은 사회에 도움과 참여의 손길을 내미는 것은 당신의 삶에 또다른 에너지와 아이디어를 주게 된다.

Have fun

즐겨라

❝ 나의 아버지는 성공한 올림픽 수영선수였다. 아버지는 3번의 올림픽게임에 출전해 3개의 올림픽 메달을 획득했으며 수영선수로서 11번의 세계 신기록을 세웠다. 그리고 어머니와 아버지는 나를 포함해 6명의 아이를 모두 성공한 수영선수로 키웠다. 나의 아버지는 언제나 우리에게 단 하나의 조언을 해주셨는데, 그것은 내 인생에 있어 가장 훌륭한 조언이 되었다. '즐기고 오너라.' 실제로 내가 만난 사람들 중 성공한 사람들 모두 예외 없이 그들이 하고 있는 일을 사랑했다. ❞

— ***Gary Hall Jr.*** 올림픽 금메달리스트 개리 할 주니어

당신의 목표를 이루기 위한 가장 빠른 길은 당신이 하는 일을 사랑하는 것이다. 그리고 그 일을 즐겨야 할 것이다.

♣ *One Line of Today* ♣

Look back with no regrets

후회 없는 삶을 살라

❝ 오래 전 부모님은 학교가 얼마나 중요한 곳인지 내게 알려주셨다. 그러나 학교를 다닐 나이에는 그 말의 의미를 잘 모른다. 성장하면서 조금씩 알게 되었을 때에는 이미 '후회'라는 감정에 직면하게 된다. 내가 지금 깨닫는 한 가지는 학교를 다닐 때, 직업을 가졌을 때 무슨 일이든지 기회가 되었을 때 열심히 해야 한다는 것이다. 그러면 나중에 삶을 되돌아봤을 때 자신이 부족했다며 후회하지 않을 것이다. ❞

— ***Larry Bird*** *전설적 농구선수 래리 버드*

사람들은 후회하고 살기에는 인생이 짧다고 말한다. 중요한 것은 후회하지 않는 것이 아니라 후회 없는 삶을 사는 것이다.

Live your own life

당신 자신의 삶을 살아라

❝ 많은 사람들이 부모가 바랐던 삶을 살아가며 그 자체에 큰 부담을 느낀다. 내가 만났던 많은 사람들 역시 부모의 기대를 만족시키며 사는 삶에 많은 부담을 느꼈고, 결국 그다지 행복하지 않은 삶을 살았다. 그런 삶을 살기에 인생은 너무나도 짧다.

내가 〈The View〉를 그만둘 때 사람들은 내가 미쳤다고 했다. 남들이 보기에 〈The View〉는 완벽한 직장이었기 때문이다. 그러나 〈The View〉에서 하는 일이 나의 열정을 최고로 불러일으키는 일은 아니었다.

지금은 비록 예전 직장보다 세간의 이목을 끄는 직업은 아니지만 지금 나는 나를 가장 신나게, 매우 진지하게 만드는 일을 하고 있다. 아프리카 군인들에게 납치되는 아이들을 보고, 허리케인이 미시시피를 덮쳐 온 나라가 재앙에 고통받는 것을 보면서 나는 그들의 아픔을 온 몸으로 느꼈다. 사람들에게 이러한 현실을 알리고 경고해야 한다는 의무감이 나를 살게 한다. ❞

－ *Lisa Ling* 내셔널 지오그라픽 채널 기자 리사 링

오프라는 그녀의 쇼에서 항상 이렇게 말한다.
"이제 당신은 알 것이다. 당신이 아닌 척 할 수 없다는 것을."

Never stop learning
배움을 멈추지 마라

66 나의 아버지는 5개의 악기를 다룰 줄 알았고, 훌륭한 화가이자 사진작가 그리고 호텔리어이자 은행원이었다. 어린 나의 눈에는 그런 아버지가 위대해 보였다. 언제 그렇게 많은 것을 배울 수 있었는지 궁금해하는 내게 아버지는 이런 말을 했다.

"그건 매우 간단하단다, 아들아. 배우고 싶은 것에 네가 마음을 주면, 무엇이든 배울 수가 있단다."

나는 자전거를 처음 배울 때 아버지의 그 말씀을 되새겼다. 나처럼 경쟁심이 강한 사람이라면 월드 챔피언십에 오를 수도 있을 거라고 생각했다.

그래서 나는 새벽 5시 30분에 기상하여 샌프란시스코의 빗속을 달리는 엄격한 하드 트레이닝을 시작했다. 이후 나는 유럽에서 열린 월드 챔피언십에 참가했고 10분도 안 되어 꼴찌가 되었다. 그다지 희망적인 순간은 아니었다. 그러나 이듬해 나는 더욱 열심히 훈련했고, 세계 6위가 될 수 있었다.

만약 일찍이 누군가 나에게 당신은 세계적인 사이클 선수가 될 거라고 말했다면 나는 이렇게 말했을 것이다. "농담도 잘하시는군요." 그러나 당신이 배움에 멈추지 않으려는 의지가 있다면, 인생에서 무엇이든 이룰 수 있다. 그것이 아버지가 내게 가르쳐준 것이고, 지금은 내가 딸에게 말해주고 있는 교훈이다. 〝

- *Wolfgang Hultner* 만다린 오리엔탈 호텔 그룹 CEO 볼프강 허트너

성공한 사람들은 목표 달성을 하기까지
부족한 자신을 채우는 '배움'을 실천한다.

Combine passion with discipline

열정에 규율을 결합하라

66 열정은 내면의 잠재력을 끌어올릴 수 있는 힘이며, 인생의 목표를 실현함에 있어 고무적인 무기가 된다. 그러나 열정을 진정한 동력원으로 삼기 위해서는 규율이 필요하다. 8명의 자식들 중 한 명이었던 나는 세상이 나만을 위한 것이 아님을 굉장히 빨리 배울 수 있었다. 그래서 나는 많은 자식들 중 부모의 관심을 끌기 위해 꽤 훌륭한 꿈을 가지게 되었고 그 꿈을 향해 열정을 쏟았다. 돌과 화살로 가득 차 있는 인생의 긴 여정에서 '즐거움'이라는 나만의 규율을 지켜나가지 않았다면 나의 열정은 그저 일시적인 에너지에 불과했을 것이다. **99**

– *Kate Mulgrew* 영화배우 케이트 멀그루

변화무쌍한 세상에서 절망과 평범함으로부터 구해줄 수 있는 것은 자신만의 창조적인 열정뿐이다.

Become a dual citizen

다양한 사회의 구성원이 되라

66 우리가 지금 살아가고 있는 세상은 경제, 질병, 치안 등 그 어떤 면으로 보나 몹시 상호의존적이며 유기적이다. 그러므로 당신은 자신을 더 큰 규모의 구성원으로 생각하고 그에 따라 행동해야 한다. 그렇게 하지 않는다면 우리 앞에 도사리고 있는 문제들을 다룰 수 없을 것이다. 세계 극빈곤층의 비율은 매년 늘어나고 있다. 이대로는 세상이 안정적으로 돌아갈 수 없다. 어느 나라에나 존재하는 심한 불평등 때문에 당신에게도 문제가 일어날 것이다. 똑같은 법칙이 전 세계에 적용된다. 우리가 완전히 다른 방식으로 사고하지 않는 한, 모든 것들이 사라져버릴 것이다. 99

– **Mike Spence** 경제학자, 노벨 경제학상 수상자 마이크 스펜스

 한편으로는 당신이 속한 커뮤니티와 나라의 일부가 되고 다른 한편으로는 좀 더 큰 커뮤니티와 세계의 구성원이 되라.

Have a long-term vision of what you want to achieve

당신이 이루고 싶은 것의 장기적인 비전을 가져라

❝ 무언가를 시작하려고 동분서주하기 전에, 진실로 가치 있는 꿈이 무엇인지 생각하고 그것을 발전시키는 동안 인내하는 것은 꽤 가치 있는 일이다. 나는 10대였을 때부터 무언가 쓸모 있는 일을 하고 싶었고, 넓고 다양한 세상과 접촉하고 싶었다. 나는 세계적인 스케일의 도시에서 살고 싶었고, 많은 사람들과 소통할 수 있는 국제적인 업무를 하고 싶었다. 또 어떤 한계도 없이 지속적인 도전과 성장을 계속할 수 있는 일을 하고 싶었다. 그리고 그것이 바로 지금 내가 하고 하는 일이다. ❞

— **Stephen Schwarzman** 블랙스톤 그룹 CEO 스티븐 슈워츠만

자신을 과소평가하여 이룰 수 있는 것은 없다. 자신이 하는 일에 특별함을 부여하고 가치를 발견했을 때 비전도 생기는 법이다.

Take pride in what you've accomplished

당신의 성취를 자랑스럽게 여겨라

66 내가 어렸을 때 기계공이던 아버지는 아주 작은 회사를 운영했다. 아버지는 직원들의 월급을 줄 수 없어서 우리들에게 일을 시켰다. 그래서 나는 12살이 되었을 때부터 공장에서 철을 잘랐고, 온통 기름 냄새를 풍기며 집으로 돌아왔다. 그 시절 나는 내 자신이 초라하다는 생각 대신 작은 공장보다 더 큰 공장을 가지고 싶다는 상상을 종종 했다. 작은 기계공장에서 일했던 내가 세계에서 가장 큰 부동산 회사의 CEO가 된 것을 보면, 세상에 불가능한 것은 없다. **99**

— ***Margaret Kelly*** 북미 최대 *Re/Max* 부동산 *CEO* 마가렛 켈리

 미래의 내 모습을 상상하라! 그리고 그 모습을 실현하기까지 자신이 이룬 작은 성취들을 자랑스럽게 여겨라!

Do something
that helps other people
다른 사람들을 돕는 일을 하라

❝ 어느 날 한 저녁 파티에서 나는 10잔의 와인을 마신 후 모두에게 외식을 자주하는 친구 10명의 이름을 알려달라고 요청했다. 만약 많은 사람들의 식사 경험을 내가 공유할 수 있다면, 신문에 나오는 한 명의 레스토랑 리뷰어보다 훨씬 더 정확한 정보를 얻을 수 있을 거라고 생각했다.

이것이 바로 자갓(Zagat) 가이드를 시작하게 된 계기였다. 첫해에 우리는 파산했지만 두 번째 해에는 돈을 조금 벌 수 있었다. 그리고 3년이 되던 해에는 큰돈을 벌게 되었다. 이때 나는 서베이(Survey) 시스템이 정말로 효과가 있다는 것을 느꼈고, 실제로 수많은 사람들이 우리가 하는 레스토랑 가이드 일을 사랑해 주었다. 현재 우리는 74개 주에 살고 있는 수백, 수천의 방대한 설문 답변자들을 보유하고 있다.

여기서 중요한 것은 내가 다른 이들에게 도움을 주는 일을 하고 있다는 것과 이 일을 좋아한다는 점이다.

전 세계 98%의 사람들이 아침에 일어나 일을 하러 가는데, 그 중 50%는 아마도 그 일을 하고 싶지 않을 것이다. 나는 사람들이 하고 싶지 않은 일을 꼭 해야 하는 이유를 잘 알고 있다. 나는 그런 사람들에게 가능하면 좋아하는 일을 찾아 다시 도전해 보려는 의지를 가지라고 말하고 싶다. 그런 의지가 있는 사람들은 결국 좋아하는 일을 찾게 되고, 그 일로 인해 목적이 있는 삶을 실현할 것이다. **99**

— *Tim Zagat* 자갓 가이드 창립자 팀 자갓

 다른 사람들이 당신이 하는 일에 감사해할 때
당신은 성공한 삶을 살고 있는 것이다.

Spend your life at a hobby

취미생활에 시간을 할애하라

66 나는 언제나 일을 사랑할 것이고, 절대로 지루해하지 않을 것이며, 어떠한 의무감도 느끼지 않을 것이다. 왜냐하면 나는 좋아하는 취미생활을 하며 돈을 벌기 때문이다. 나는 원래 와튼 대학을 졸업한 후 월가의 은행에 취업할 계획이었다. 그러나 형의 부탁으로 구두를 디자인하게 되었다. 가족 중 가장 창의적인 사람이 나였기 때문이다. 이제 사람들은 나를 '하이힐의 왕자'라고 부르며 내가 디자인한 구두에 환호한다. 구두 디자인이라는 나의 취미생활에 나는 지금도 일주일 모두를 할애하고 있다. **99**

– *Stuart Weitzman* *세계적인 구두 디자이너 스튜어트 와이츠먼*

 지금 하는 일이 취미고 좋아하는 취미생활에 내 모든 시간을 쓰고 있다는 재밌는 상상을 하는가? 그것은 현실이 될 수 있다.

Relationships
관 계 를 맺 는 삶

*Remember that you meet
the same people on the way down
as you do on the way up*

내리막길을 갈 때나 오르막길을 갈 때나
항상 같은 사람을 만나게 된다는 것을 기억하라

❝ 내가 한창 커리어를 쌓아나갈 때 항상 떠올리던 말이 있다. 골프 코스에서 좀 더 잘하려고 아등바등 애쓸 때면 나는 언제나 이 말을 기억하려고 한다. '우리의 인생이나 커리어가 성공 가도를 달릴 때 항상 위에만 머물러 있을 수 없다'는 것을 말이다.

이것은 어렸을 때 아버지가 내게 주신 여러 가르침들 중 하나다. 아버지는 종종 골프를 인생을 가르치는 도구로 삼곤 했다. 골프는 긍정적인 가치 위에 세워진 게임이다. 자신의 점수를 지키고, 실수에는 책임을 진다. 골프에는 지켜야 할 규칙이 있고, 선수들은 스포츠맨십에 입각해 경기를 진행하며,

스스로 골프 코스를 지휘해야 한다.

아버지가 강조한 골프의 진정한 긍정성은 승리와 패배를 다루는 방법에 있다. 이길 때든 질 때든 아버지는 항상 품위를 잃지 말라고 당부했다. 비록 자신이 졌더라도 승리한 상대방에게 악수와 미소, 그리고 "축하합니다"라는 말을 전하는 것이 멋진 매너라고 조언했다. 진심으로 상대방을 축하했을 때 상대방도 진심이라는 것을 느낄 수 있는 법이다.

인생에서는 잘 나갈 때나 못 나갈 때나 같은 사람들을 다시 만날 가능성이 많다. 이때 그들이 당신을 멋진 사람으로 기억하기를 바란다. **99**

— Jack Nicklaus 골프의 전설 잭 니클라우스

 어느 날 올라가던 길에서 내려오기 시작한 당신의 친구가 도움이 필요해질지도 모른다. 당신의 내리막길에서 누군가 당신을 도와주었던 것처럼 말이다.

Don't take anyone for granted

누구든 당연하게 여기지 마라

66 포커 테이블에서는 모두 속마음을 드러내지 않는다. 그러므로 눈앞에 보이는 것에 대해 함부로 추정하거나 상대방의 실력을 섣불리 속단할 수 없다. 왜냐하면 그들은 예외 없이 당신을 놀라게 할 것이기 때문이다.

진정 오픈 마인드를 유지하길 원한다면 표지만 보고 책을 판단하지 말고, 다른 이가 보지 못하는 무언가를 찾아라. 이는 당신이 좋은 인재를 고용하길 원하거나 다른 사람을 좀 더 이해하고 싶을 때 적용할 수 있는 우리네 삶의 원칙과도 같다.

나는 13~14살이었을 때부터 다른 사람이 무슨 생각을 하는지 알아맞히는 데 재능이 있었다. 당시 나는 과학자와 같이 호기심이 많아서 왜 사람들이 거짓말을 하고, 어떤 것에 대해 거짓말을 하는지 알아내기 위해 노력했다. 그리고 2000년, 어려서부터 키워온 이런 재능은 내가 포커 월드시리즈 대회에서 우승하도록 도와주었다. 99

– *Chris Ferguson* 월드시리즈 포커 챔피언 크리스 퍼거슨

당신의 눈에 보이는 것만이 전부는 아니다.
특히 사람의 가치는 더욱 그러하다.

*The most important decision
you'll ever make is who to marry*

배우자를 선택하는 것은
인생에서 가장 중요한 결정이다.

❝ 배우자는 함께 있으면 즐겁고, 당신의 능력을 확장시켜 주는 존재여야 한다. 또 삶이 엉망진창이라고 느껴질 때 안식처가 되어줄 수 있는 사람이어야 한다. 간단히 말해 배우자는 당신이 인생의 쓴맛을 보거나 불행하다고 느낄 때, 또 때로 결혼생활에서 탈피할 궁리만 할 때 당신을 완전히 다른 사람으로 만들어주는 사람이다.

나는 대학생 때 아내를 만났다. 당시 나는 도서관의 책벌레였다. 그녀가 동아리 친구들과 데이트를 즐길 때, 나와 그녀는 그저 괜찮은 친구 정도였다. 우리는 대학 3학년 때까지 단지 그런 관계라고 생각했다. 그러나 4학년이 거의 끝나갈 무렵, 나는 우리의 관계에 그 이상의 무언가가 있음을 깨달았다.

결혼은 비즈니스적인 계약이나 그저 때가 되었으니 해야하는 그런 것이 아니다. 결혼은 당신에게 신나는 일이어야만 한다. 그리고 당신의 능력을 일깨워줄 수 있는 누군가와 해야한다. ❞

— ***James Woolsey*** 전 CIA 국장 제임스 울시

인생의 여정에서 최고의 파트너는 배우자이다. 그런데 최악의 파트너도 배우자가 될 수 있다. 단, 섣불리 선택했을 때의 일이다.

The greatest pleasures in life com from your family, and that's where your energies should be spent

삶의 가장 큰 행복은 당신의 가족에게서 온다.
그리고 가족은 당신의 에너지를 쏟아야 할 대상이다.

66 다른 사람들보다 늦은 나이에 보게 된 두 명의 아이는 내 겐 굉장히 특별한 존재이다. 그래서 사랑하는 아이들이 무엇을 하는지는 늘 나의 가장 큰 관심사이다. 세월은 흐른다. 인생의 여정 중 당신의 커리어에 생기는 크고 작은 일들은 순간이지만 가족과 함께하는 순간은 영원히 남는다.

사실 가족과 함께하는 시간은 별 게 아니다. 휴식시간에 저녁을 함께 먹거나 해변에 함께 앉아 있는 것이 고작이다. 하지만 가족과 함께하는 이 사소한 일상이 당신의 인생에 더욱 큰 행복감을 안겨줄 것이다. **99**

– ***Richard Meier*** *건축가 리처드 마이어*

5년 후, 10년 후 아마도 당신은 그렇게 갈망한 꿈을 실현할 수 있을 것이다. 왜냐하면 가족은 당신의 든든한 후원자이기 때문이다.

Find role models in life and
treat them as teachers for
as long as you can

삶의 롤모델을 찾아
가능한 오랫동안 선생님으로 모셔라

66 무엇이 나를 성공한 삶으로 이끌었는지 생각해 보면, 내가 가장 존경하는 사람들이 공통적으로 가지고 있는 두 가지 특성이 떠오른다. 그들은 열정적이고 또한 긍정적이다.

나의 롤모델은 내가 태어났을 때부터 평생을 알아온 89세의 아버지와, 30년간 함께한 것이 축복이라 생각하는 나의 아내이다. 그들이 나의 롤모델인 데에는 많은 이유가 있지만, 앞서 언급한 두 가지 공통적인 특성을 꼽고 싶다. 가장 중요한 것은 그들이 돈이나 지위를 위해 일하지 않고, 자신의 직업에 대한 사랑을 추구한다는 것이다. 그들은 노력과 열의, 그리고 주위 사람들까지 신이 나게 하는 대단한 열정을 가지고 일했다. 또한 나의 롤모델들은 긍정적인 마인드 그 자체였다.

삶이 순조로울 때 긍정적인 사람이 되는 것은 쉽지만, 삶이 진정으로 우리를 시험할 때는 역경에 처했을 때이다. 우리는 누구나 인생을 살다보면 시련을 겪는다는 것을 안다. 그러나 긍정적인 자세를 유지하고 믿음을 가진다면, 불가피한 도전들에 직면할 용기를 얻을 수 있을 것이다. 99

― **_Jack Brennan_** 뱅가드 그룹 CEO 잭 브레넌

'열정'과 '긍정'이라는 삶의 에너지를 가진 사람을 찾아라.
그 사람은 분명 당신에게 좋은 자양분을 제공할 것이다.

Listen to people
who have earned your trust

당신의 신뢰를 얻은 사람들의 말을 경청하라

66 오페라의 세계에서 젊은 신인 가수들은 레슨 외에도 미래를 위한 조언이 필요하다. 나 역시 레슨을 요청하는 신인 가수들에게 조언을 해주곤 한다. 그러던 어느 날 나의 조언과 레슨이 그들에게 무용지물이라는 생각이 들었다. 내가 그들의 삶에 대해 이러쿵저러쿵 말할 수 있는 자격을 얻지 못했기 때문이다. 그들은 그럴 만한 자격을 가진 사람들의 말을 들어야 한다. 누가 있을까? 오랜 선생님, 부모님, 혹은 배우자. 무분별하게 당신을 도와줄 도사를 찾아서는 안 된다. 그보다는 가까운 사람들 중에서 인생의 조언자를 찾는 것이 현명한 생각이다. **99**

— ***Ben Heppner*** 오페라의 전설 벤 헤프너

당신의 삶에 존재한다고 해서 누구나 당신에 대해 전문가가 될 수는 없다. 그 사람들은 삶의 길에서 스쳐 지나갈 뿐이다.

Know that people are pulling for you

사람들이 당신을 위해 끌어 당겨주고 있다는 사실을 기억해라

66 무엇이 당신의 흥미를 자극하는지 가능한 빨리 알아내라. 그리고 당신이 할 수 있는 최대한으로 그 주제에 대해 깊게 배워라. 더 많은 이해와 목표에 도달할 수 있도록 당신을 도와줄 수 있는 사람이 누군지 생각해 보라. 기억하라. 당신이 보잘 것 없고 이제 막 걸음마를 떼었을 뿐일지라도 얼마나 많은 사람들이 당신의 성공을 위해 끌어 당겨주고 있는지를 말이다. **99**

– **Brian France** 전미 개조자동차경주협회 회장 브라이언 프랑스

세상은 혼자가 아니라는 사실을 깨닫는 게 중요하다. 나 혼자 세상을 살아가는 것은 힘들다. 다른 사람들과 마음을 나누어보라.

Mourn what you lose

잃은 것에 충분히 슬퍼하라

❝ 나는 집안의 늦둥이이자 외아들로 귀하게 자랐다. 어린 시절 부모님, 조부모님, 삼촌, 고모들이 항상 주위에서 나를 돌보며, 세상의 가슴 아픈 일들로부터 나를 보호해 주었다. 그러나 내 주위를 둘러싸고 있던 분들이 한 분 한 분 돌아가시면서 나는 차츰 세상에 노출되고 상처받기 시작했다. 몇 년이 지나 나는 신학자 샘 킨의 글귀를 읽었다.

'우리는 매일 슬퍼하지 않는다. 우리는 슬퍼하는 대신 복수를 택할 것이다.'

나는 그의 글을 읽자마자 그 속에 담긴 함의를 이해했다. 세상에는 폭력이 난무하고, 마음속에서는 수많은 격동이 일어난다. 이는 우리가 필연적으로 잃을 수밖에 없는 것들에 대해 충분히 슬퍼하지 않기 때문에 생겨나는 현상들이다. 여기에는 사랑하는 사람을 잃는 것뿐만 아니라, 빈털터리가 된다거나 꿈을 잃는다거나 하는 것들이 포함된다.

우리는 슬픔이 우울한 것이라고 생각하기 때문에 이를 회피하려는 경향이 있다. 그러나 당장의 고통을 외면함으로써 우리는 인생에서 가장 현명한 가르침을 놓치고 만다. 아픔에 직면하고 그 길을 헤쳐 나가는 것은 고통스럽지만, 그 길은 세월의 지혜를 동반한다. 그리고 우리가 그 길을 모두 건너게 되면 약속과 가능성으로 가득한 새로운 삶이 시작된다. 아마도 처음으로 우리는 더 이상 복수를 생각하지 않게 될 것이다. **99**

— *Bill Schulz* 전 국제 앰네스티 USA의 이사 빌 슐츠

힘들고 슬픈 일, 외면하고 싶었던 일들을 견디고 이겨내는 동안 우리 내부에는 강인함이 생긴다. 슬픔이나 고통의 감정과 마주치는 것을 두려워하지 마라. 마음껏 슬퍼해라. 시간이 지나면 그러한 감정을 다스리고 지나가게 하는 방법을 배우게 될 것이다.

♣ *One Line of Today* ♣

Find similarities in people rather than differences

사람들 속에서 차이점보다는 공통점을 찾아라

❝ 오늘날의 넓고 복잡한 환경문제에 도전하라. 해결책을 찾는 동안 당신은 우리 사회의 모든 양상을 엿볼 수 있게 될 것이다. 이 말은 환경주의자로서 우리가 밖으로 나가 우리의 영역 안에 있지 않은 많은 사람들의 말에 귀 기울여봐야 한다는 것을 의미한다. 요즘 사람들은 누가 어떤 사람이고 어디서 왔는지 알기 전부터 고정관념을 갖고 다른 이들을 평가한다. 고정관념은 우리의 평가과정에 늘 끼어들곤 한다.

우리의 지구, 우리의 집을 보호하기 위해서는 모든 사람들이 함께 동참해야 한다. 시에라 클럽의 회장으로서 내가 발견한 사실은 당신이 생각한 것보다 훨씬 많은 사람들이 환경주의자라는 것이다. 당신은 단지 평지에서 조금만 더 파고 들어가면 된다. 당신이 그것을 찾아낸다면 그것을 기르고 그 열정을 받아들여 빛으로 바꿀 수 있다. 이는 삶의 어떤 관계에서나 적용할 수 있는 사실이다. 그것이 내가 오픈 마인드로 사람들을 포용하고 차이점보다는 공통점을 찾기 시작하려는 이유이다. ❞

— *Lisa Renstrom* 시에라 클럽의 대표 리사 렌스트롬

자신의 영역 밖으로 나가는 순간 우리는 세상을 보는 시야를 넓히고 좀 더 많은 것을 이해할 수 있게 된다. 심지어 나와 전혀 다른 사람에게서도 공통점을 발견할 수 있을 것이다.

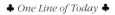

Learn to recognize and secure a mentor

나만의 멘토를 찾아라

66 나의 멘토는 한스 메더라는 교육자이다. 그는 내가 다녔던 국제학교를 창립한 분이다. 나찌를 피해 망명한 그는 학교에 UN기를 펄럭이며 이스라엘인, 아랍인, 흑인, 백인을 가리지 않고 모두 학생으로 받아들였다. 그는 1940년대 말부터 1950년까지 그들과 함께 살았다. 그는 국제 협력의 가능성, 인종 통합, 그리고 당시로서는 상상하기 힘들었던 사회적 정의의 모델이 되었다. 그는 비범한 인물이었고 나는 그에게서 많은 것을 배웠다.

당신이 살아가고자 하는 삶의 모델이 될 수 있는 사람, 그리고 당신이 이루고자 하는 가치를 지닌 사람을 찾아라. 이러한 종류의 멘토십에 열려 있는 사람이 되라. 그리고 배우고 바뀔 수 있는 수용의 자세를 가져라. 이와 같은 과정은 예측 가능한 성공으로 당신을 이끌어줄 것이다. **99**

— **_Benjamin Barber_** _작가이자 정치학자 벤자민 바버 박사_

 예술계나 학계, 정치계 또는 비즈니스 분야의 성공적인 리더들은 보통 자신의 인생에서 중요한 멘토를 가지고 있다.

Maximize your chance of finding
the best possible mate

최고의 배우자를 찾기 위한
기회를 최대한 넓혀라

66 당신에게 최고의 배우자를 찾기 위한 하나의 알고리즘을 알려주겠다. 여기 N이라는 숫자가 있다. 이것은 당신이 만날 수 있는 여자친구 또는 남자친구의 대략적인 수이다. 당신은 한 명씩 그들을 만나게 되며, 또 헤어지게 된다. 한 번 헤어지면 그들은 다시는 돌아오지 않는다. 그리고 당신은 반드시 다음의 과정을 거쳐야 한다. 각각 처음의 N/e의 구혼자들을 평가하되, 아직 받아들이지는 마라. 여기서 자연로그에 기반한 e는 대략 2.7이다. 그리고 나서 이전의 다른 데이트 상대보다 더 나은 다음 상대를 선택하라. 이것이 당신에게 꼭 맞는 배우자를 만날 기회를 최대화하는 방법이다. 예를 들어 N이 10이라고 했을 때, 당신은 평가해야 한다. 그러나 각각 4명의 구혼자를 거절하고 거절한 이들보다 더 나은 첫 번째 사람을 받아들여야 한다. 나의 경우를 말하자면 N=3이었다. 나는 진지하게 만났던 첫 여자친구와 정중하게 결별했다. 그러나 두 번째 여자친구가 사실 더 나았기에 나는 그녀와 결혼했다. 이러한 공식은 나에게 잘 맞았다. 99

— *Frank Wilczek* 물리학자이자 수학자, 노벨상 수상자 프랭크 윌첵

운명적인 사랑을 기다리느니 직접 찾아 나서는 게 낫다.
전자는 최고의 파트너를 만날 기회를 날리게 될 뿐이다.

Don't turn to your network only when you're desperate

당신이 절망적일 때만 주변 사람들을 찾지 마라

❝ 당신이 절박할 때만 주변 사람들을 찾는 것은 당신이 할 수 있는 가장 최악의 짓이다. 당신은 정기적으로 연락하고 도움을 주고받을 수 있는 친구들과 직장 동료들, 그리고 주변 지인들과 멋진 인간관계를 갖고 싶을 것이다. 이는 당신을 언제나 든든하게 받쳐주는 힘이 될 것이다.

이런 인간관계는 사실 우리 가까이에 있다. 하지만 많은 사람들은 직장 동료들과 돈독한 관계를 유지하지 않는다. 그리고 절대 그들에게 전화하지 않는 나쁜 버릇을 가지고 있다. 이런 관계는 오래될수록 위축되게 마련이다.

그런데 만약 당신이 이 사람들에게 갑자기 전화를 건다면? 그들은 당신을 의심의 눈초리로 바라보며 심지어 적대적으로 대할지도 모른다. 결국 당신은 모든 영향력을 잃게 되는 것이다.

인간관계란 시간과 노력을 들여 잘 보살피고 돌봐주어야 하는 것이다. 인간관계는 살아 숨 쉬는 것이라고 말할 수 있다. 그러므로 내 조언은 사람들과 언제나 연락의 끈을 놓지 말라는 것이다. 당신에게 연락을 기대하지 않았던 사람들에게 연락을 함으로써 그들을 놀라게 하라. 그러면 당신이 그들의 도움을 필요로 할 때 기꺼이 그들은 당신을 도와줄 것이다. **99**

— ***Laurel Touby*** 미디어비스트로닷컴 창립자 로렐 토비

인간관계에서 가장 중요한 것은 진정성이다.
하지만 더욱 중요한 것은 진정성을 드러내는 것이다.

Put down roots in a place where
you can really thrive

잘 자랄 수 있는 곳에 뿌리를 두어라

❝ 장소는 중요한 조건이다. 장소는 당신이 세상과 연결된 방식이며, 당신이 어떻게 라이프스타일을 선택하는지, 어떻게 당신이 소속되는지에 중요한 영향을 미친다. 무엇보다도 직장동료, 이웃, 친구, 가족과 원만한 인간관계를 구축하고 키워나가라.

인간관계는 모든 것이 무너졌을 때에도 당신에게 남는다. 인간관계의 깊이와 단단함은 삶의 시작에서부터 끝까지 영향을 미치며, 당신을 지탱해 주는 힘이 될 것이다. 연금이 당신의 노년을 따뜻하게 해주지는 못할 것이다. 당신이 젊었을 때 이룬 금전적 성취는 노년에 이르러 보잘 것 없는 동반자가 될 뿐이다. 당신의 집은 페인트 작업을 필요로 할 정도로 낡아버릴 것이다. 그러나 당신이 사랑하는 사람들은 언제나 당신이 살아갈 멋진 이유가 되어줄 것이다. ❞

― *Judy Clabes* 스크립스 하워드 재단 대표이자 CEO 주디 클랩스

 언제 어떤 일이 생겨도 끄떡없는 단단한 인간관계를 구축하라. 그러면 세상살이가 든든해질 것이다.

Get rid of your baggage
마음의 응어리를 없애라

❝ 아버지가 돌아가셨을 때 나는 취재차 일본에 머물고 있었다. 내가 세인트루이스로 돌아왔을 때는 이미 화장을 끝낸 상태였다. 비록 마지막 인사를 나누지는 못했지만, 그건 상관없다. 아버지와 나는 서로 사랑했고, 우리 둘 모두 그 사실을 알았다. 그 외에 중요한 것은 없다.

나는 아버지에게 남은 응어리가 없다. 덕분에 나는 아버지를 제대로 애도할 수 있었고, 그의 삶을 내 안으로 온전히 품을 수 있었다. 인생에서 누구를 만나든 마음의 응어리를 남기지 마라. 그것은 당신이 인생이라는 험난한 여행에서 살아남을 수 있도록 도와줄 것이다. ❞

— **Candy Crowley** *CNN 정치부 기자 캔디 크로울리*

지금까지 만난 사람들 중 누군가를 욕하고 미워하고, 누군가를 이해하고 좋아하는 것은 순전히 당신의 이기적 잣대에서 비롯된 것이다.

Keep peace in the family

가족의 평화를 유지하라

66 나의 아버지는 몇 년 전에 돌아가셨다. '가족의 평화를 유지하라'는 것이 아버지의 가장 중요한 철학이었고, 나는 이를 내 삶에 적용시켰다. 형제들과 언쟁을 벌이거나 장모님과의 사이에 어떤 문제가 생겼을 때 아버지의 조언은 언제나 가족 안에 평화를 가져오게 만들었다. 하루의 마지막에 사람들은 가족으로부터 힘을 얻는다. 가족은 언제나 당신의 편에 서 있으며, 당신에게 완전히 객관적인 조언을 줄 수 있는 존재들이다. **99**

― ***Dan Schulman*** 버진 모바일 USA의 CEO 댄 슐만

 가족으로부터 강력한 지지를 받지 못하는 사람은 성공하기 매우 어렵다. 가족은 당신이 믿을 수 있는 강하고 단단한 기반을 만들어준다.

Know that every conversation is an opportunity

모든 대화가 기회가 될 수 있다는 사실을 인식하라

❝ 내가 고등학교와 대학교 생활을 통틀어 꼽을 수 있는 가장 멋진 경험은 뉴욕의 전자상점에서 일했던 것이다. 그곳에서 나는 세일즈의 미학을 배울 수 있었다. 예를 들어 사람들의 눈을 자신감 있게 바라보는 법과 그들의 마음을 읽는 법을 배울 수 있었다. 그 결과 나는 최고의 세일즈맨이 되었다.

나는 누군가 가게 안으로 들어올 때, 그들이 내게 어떤 것을 물어볼 것인지 미리 알 수 있는 능력이 있었다. 이렇게 누군가와 소통하는 법을 배우는 것이야말로 당신의 삶에서 해야 하는 가장 중요하고 기본적인 사항이다. 그러나 네트워킹은 학교에서 가르쳐주지 않는 것이다. 게다가 문화적으로 우리는 생각의 방법을 잘못된 방향으로 키워왔다. 대부분의 사람들에게 네트워킹이란 '나를 위한 것은 무엇이 있을까?' 이

다. 그러나 나는 언제나 이렇게 묻는다. '제가 도와드릴 것이 있나요?'

생각을 바꾸면 당신의 평판은 올라가고, 사람들은 당신을 위해 길을 열어줄 것이다. 마침내 당신이 베푼 것들은 그보다 몇 배 커져 당신에게 되돌아오게 될 것이다. **99**

— *Jeff Mesbel* 패러다임 캐피탈 그룹 공동 설립자 제프 메셀

 소통과 배려는 인간관계의 열쇠다. 다른 사람의 마음을 이해하고 나의 마음을 여는 데 집중하라.

When someone shows you who they are, believe them

누군가 자신을 있는 그대로 보여주면, 믿어라

❝ 역경에 처한 사람이 거짓말을 하거나 혹은 한순간에 무너지거나, 누군가의 뒤에 숨어버린다면 그것이 바로 그들의 진정한 모습이다. 한 사람에게서 갑자기 전에 없던 다른 성격이 나타나지는 않는다.

누군가 "난 너무 이기적이야"라거나 "난 남들을 통제하는 게 좋아"라고 할 때 우리는 본능적으로 그 말을 농담으로 받아들이거나 대수롭지 않게 넘기곤 한다. 그러나 그들이 무심결에 내뱉은 말은 대부분 맞다. 왜냐하면 자기가 자신을 가장 잘 알기 때문이다. **❞**

— **Gabrielle Union** 배우 가브리엘 유니온

 사람들은 간혹 의심이라는 늪에 빠져 진심을 볼 수 없을 때가 있다. 그러나 누군가 당신에게 진심으로 자신을 드러냈을 때는 믿어라.

Adversities

역 경 을 이 기 는 삶

*Start where you are with what
you have, and do the best you can*

당신이 있는 곳에서, 당신이 가진 것으로 시작하라
그리고 당신이 할 수 있는 최선을 다하라

❝ 전설적인 흑인 테니스 선수인 아서 애쉬(Arthur Ashe)는 젊은이들과 이야기하는 것이야말로 훌륭한 경험이 된다고 말했다. 느낀 것을 당장 실천하는 것은 훌륭한 미덕이다. 그러나 대부분의 사람들은 시작하지 않는다. 그들은 언제나 지금이다 싶은 상황이나 순간, 혹은 이제 준비가 되었다고 느낄 때를 기다리기만 한다.

지금 당신이 있는 곳이 바로 시작해야 할 곳이다. 지금 내가 누리고 있는 순간을 활용해야 한다. 기적 같은 순간이 오기를 기다리지 마라. 지금의 상황에서 최선을 다하는 것이 내가 할 수 있는 모든 것이다. 만약 그것이 충분하지 않다고 하더라도 실망하지 마라. 실패는 미래의 성공을 위한 실험일 뿐이다. 시도조차 하지 않는 것은 배우는 것도 없다는 것을 의미한다. ❞

*– **Jack Faris*** *전 NFIB의 대표이자 CEO 잭 파리스*

 기회는 멀리 떨어진 곳에 있는 것이 아니다. 현재에서 시작하라. 지금이 바로 시작할 때이다. 세상에 완벽한 타이밍이란 없다.

*Most great achievements come
after you've made
a whole lot of mistakes*

가장 큰 성취는 수많은 실패 끝에 찾아온다

❝ 당신은 실패를 경험해 보아야 한다. 왜냐하면 그것이 그저 의자에 앉아 아무것도 하지 않고 있는 것보다 훨씬 낫기 때문이다. 당신이 언제나 이길 수는 없을 것이다. 그러나 당신은 밖으로 나가서 기회를 잡고, 기꺼이 주사위를 굴릴 자세를 취해야 한다.

나는 외식업계에서 서너 번의 큰 성공을 거두었는데, 그 이후 바보 같은 결정으로 내리막길을 걷기 시작했다. 나는 나에게 과분한 포지션을 시도했고, 좋은 파트너들을 받아들이지 않았다. 나는 매니저들에게 너무 적은 급료를 주었으며, 나의 부동산이 어떻게 굴러가는지 전혀 몰랐다. 그래서 나는 파산했지만, 어떻게 보면 잘된 일이었다. 불행 중 다행인 점은 이런 고난이 내가 젊었을 때 닥쳤고, 그로 인해 많은 교훈을 얻었다는 것이다. 결국 나는 살아남았다. 내가 스스로 모든 것을 통제할 수 있다고 생각할 때마다 나는 당시의 악몽을 떠올린다. **❞**

— Martin Sprock 미 레스토랑 프랜차이즈 래이빙 브랜즈 CEO 마틴 스프록

 세상에는 실패가 두려워 걱정만 하는 사람과 행동하는 사람이 있다. 당신은 어느 쪽인가? 사람은 어려서부터 수많은 시행착오를 거치며 성장한다. 실패가 두려워 행동하지 않는 순간 그 사람의 성장은 멈출 것이다.

The bad thing that happens to you is the best thing that happens to you

당신에게 벌어지는 나쁜 일들은
당신에게 일어날 수 있는 최고의 일이 된다

❝ 나는 24살 때 당뇨병 진단을 받고 난 후 이 사실을 깨달았다. 인생에서 우리는 많은 일들을 겪는다. 이것들은 감정적 혹은 신체적으로 우리가 영원히 끌어안고 가야 한다. 그러나 당신이 이것들에 어떻게 반응하는가는 당신의 선택에 달렸다. 당뇨는 치료법이 없기에 평생을 안고 살아야 하는 병이다. 당뇨는 내가 어떻게 반응하든지 신경 쓰지 않는다. 내일도 당뇨는 그 자리에 있다. 이는 나의 삶이고, 선택은 내게 달렸다. 나는 당뇨에 걸렸다는 사실보다, 그럼에도 불구하고 내가 이룰 수 있는 것은 무엇인가 생각해 보았다. 이는 만약 나에게 당뇨가 없었다면 하지 않았을 일들을 향해 노력할 수 있

는 동기가 되었다. 이와 같은 생각은 당신을 부정적인 사람에서 긍정적인 사람으로 바꿀 것이다.

　지금 나는 변호사이자 철인3종경기의 미국 국가대표 선수이며, 동기부여 강사이기도 하다. 나는 내가 당뇨에 걸렸기 때문에 결심한 많은 일들로 인해 오히려 큰 축복을 받고 삶이 더욱 풍요로워졌다고 생각한다. 나는 철인3종경기에 나갈 때마다 수영하고 자전거를 타고 달리는 순간순간 결승점을 보며 한계를 느낀다. 그럴 때마다 나는 내 자신에게 말한다.

　"난 절대 그만두지 않을 거야." **99**

—Jay Hewitt 철인3종경기 선수 제이 휴이트

모든 어려움 뒤에는 기회가 숨어 있다. 중요한 것은 행동이다.
일단 행동에 옮기는 순간 모든 것은 달라진다.

Not everyone will like you

모든 사람이 당신을 좋아할 수는 없다

❝ 고등학교 졸업반이었을 때 나는 축제의 여왕인 홈커밍 퀸(Homecoming Queen)의 후보 중 한 명이었다. 나는 6명의 소녀들 중 세 번째로 걸어 나갔는데, 속으로는 학교에 대한 나의 헌신과 노력을 보았을 때 내가 이 상을 받을 자격이 충분하다고 생각했다. 나는 축제날 하루 종일 용감한 얼굴을 하고 있었지만, 집에 돌아와 홈커밍 퀸으로 뽑히지 않았다는 사실이 억울해서 다음 날까지 펑펑 울었다. 그때 아버지는 내게 이렇게 말했다.

"펀, 너도 알잖니. 너는 개성이 매우 강하단다. 모든 사람들은 너의 그런 면을 좋아하지는 않을 거야. 너도 네가 만나는 모든 사람들이 너를 좋아하지는 않을 거라는 사실을 알아야 한단다."

나는 아버지가 옳다는 것을 알았다. 또한 나의 성취에 대한 누군가의 의견에 연연해하지 말아야 함을 깨달았다. 나는 나의 아이들에게도 이 같은 자신감과 독립심을 키워주려 노력하고 있다. ❞

─ *Fern Lazar* 라자 파트너스 대표 펀 라자

주변의 평가가 당신에게 온전히 약이 되려면
자존감을 가져야 할 것이다.

Work, fail, and keep working
일하라, 실패하라, 그리고 계속 일하라

66 나는 언제나 나보다 더 성공한 사람들에게 조언을 구한다. 감사하게도 내가 조언을 구할 수 있는 사람들은 아주 많다. 내가 조언을 구하는 사람들이 무슨 일을 하는지, 어디에서 왔는지는 중요하지 않다. 그들은 은행원일 수도 있고 외발 자전거를 타는 사람, 혹은 그린위치 빌리지에 있는 팔라펠 레스토랑의 주인일 수도 있다. 그들 모두에게는 한 가지 공통점이 있다. 이 가장 간단한 공식 덕분에 그들은 성공할 수 있었다. 그것은 내가 기억할 수 있을 정도로 쉬운 공식이다. '그들은 일한다. 그들은 실패한다. 그것도 자주. 그리고 그들은 계속 일한다.' 이들과 똑같이 실행하라. 그러면 세상은 당신의 것이다. **99**

*— **Tom Papa** 코미디언 톰 파파*

그들은 일한다. 그들은 실패한다. 그것도 자주. 그리고 그들은 계속 일한다. 이것이 위기를 극복한 사람들의 성공 방정식이다.

We learn so much more through defeat, rather than through victory

우리는 승리보다 패배를 통해 더 많은 것을 배운다

❝ 좋은 일만 일어나는 시기에는 행복의 파도를 탈 뿐 아무것도 분석하지 않으려고 한다. 그러나 상황이 나빠졌을 때 불행은 우리에게 문제를 들여다보고 해결책을 찾도록 만든다. 가장 무섭고 상처받았던 경험에서 어떤 훌륭한 일들이 일어났는지 깨닫는 데에는 보통 몇 년이 걸린다. 몇 년 후에 어려웠던 그 시기가 없었다면 지금의 내가 없었을 것이라는 사실을 깨닫게 된다. 그러므로 우리가 어려운 시기를 지내고 나서 무언가 보상이 따라올 것이라는 사실을 안다면, 힘든 시기를 맞이하더라도 기꺼이 험난한 시간을 받아들일 수 있다. 어떤 선물이 따라왔는지 알게 되는 데 몇 년이 걸리더라도 말이다. ❞

– ***Siri Lindley*** *철인3종경기 세계챔피언 시리 린들리*

위기상황을 헤치고 앞으로 나아가기 위해 자신의 심장부까지 들어가게 되는 것이다.

If it ain't working,
quit and try something new

만약 그것이 먹히지 않는다면
그만두고 새로운 것을 시도하라

66 나는 이혼, 파산, 그리고 낙태를 찬성한다. 실수를 하게 되면 사람들은 원인을 분석하게 된다. 그러면 변화가 따라온다. 연필과 지우개가 존재하는 데는 그만한 이유가 있다. 컴퓨터에 '삭제(Delete)' 버튼이 있는 것도 같은 이치다. 일이 잘 굴러가지 않을 때, 당신이 실패했을 때 생각하고 고민하라. 울어도 좋다. 그러나 이런 일들은 반드시 떠나보내야 한다. 그것은 가족에 관한 일일 수도 있고 친구나 연인, 직업과 관련된 일일 수도 있다. 전부 보내라. 그리고 미래를 향해, 태양을 향해 나아가라. 승리를 향해 가라. 당신이 가장 아름답고 멋져질 수 있는 기회를 향해 나아가라. 행복해져라. 당신이 살 수 있는 가장 좋은 와인을 구입해라. 당신이 좋아하는 팀을 큰소리로 응원해라. 활력이 넘치는 삶을 스타일리시하게, 행복하게 살아가라. 어느 누구도 당신에게 'No' 라고 말하지 못하게 하라. 삶은 'Yes' 이어야 한다. 당신 스스로에게 'Yes' 라고 말해보라. 실패를 두려워하지 말라. 우리는 단지 실패하고 나서 이를 극복하거나, 성공하고 나서 이를 조절할 뿐이다. 변화는 모두 좋은 것이다. **99**

— ***Nikki Giovanni*** 시인 니키 조반니

실패를 하지 않는 사람은 새로운 것을 시도하지 않는 사람이다. 실패를 두려워하지 말고 무엇이든 시도해 보라. 새로운 삶이 열릴 것이다.

Quit early and quit often

되도록 일찍 그만두고 자주 그만둬라

66 나는 정말 많은 직업과 라이프스타일을 거쳐 왔다. 내가 만약 일찍이 어떤 일에 정착했다면 내 삶이 어떻게 되었을지 상상도 하기 싫다. 처음에 나는 과학자가 되고 싶었다. 그 다음은 엔지니어, 그리고 의사, 그리고 작가, 그 다음엔 교수였지만 어떤 것도 내게 맞는 것 같지 않았다. 그때부터 나의 부모님은 두 손 다 들어버리셨다. 그러나 여기에는 지혜의 열매가 숨어 있다. 되도록 많은 일들을 시도해 보라. 왜냐하면 당신이 하고자 하는 일들은 시작하지 않으면 기회가 되지 않고, 시작한다고 해도 그것이 당신에게 맞지 않을 수 있기 때문이다.

대부분의 사람들은 처음부터 옳은 선택을 하지 못한다. 그러므로 당신이 처음에 시작한 일에 안주하지 마라. 변화는 인생에서 흠이 되지 않는다. 만약 내가 한 가지 일에 정착하고자 했었다면, 또한 내가 이것저것 시도해 보지 않았더라면 지금의 내 위치는 없었을 것이다. 그때 나는 아파트에서 살 수 있는 돈이 없었기 때문에 책상 밑에서 잠을 자곤 했다. 삶은 뒤돌아보면 믿기지 않는 일들이 많다. **99**

— *Jim Buckmaster* 온라인 벼룩시장 크레이그스리스트 *CEO* 짐 벅매스터

좋아하고 재미있는 일만큼 잘할 수 있는 일은 없다.
지금 하는 일을 평생 하겠다는 생각은 위험할 수 있다.

Too many people work too hard at being perfect

사람들은 완벽해지려고 너무 많은 일을 한다

66 사람들은 자신이 어디로 가야 할지에 대한 인생의 커다란 결정을 하나쯤은 내려야 한다고 생각한다. 하지만 그런 생각이 오히려 그들을 옴짝달싹 못하게 만든다. 대부분의 사람들은 여러 직업을 거치게 될 것이고, 아마도 여러 번의 회복이 필요할 것이다. 당신은 실패에도 불구하고 앞으로 나아갈 수 있어야 한다. 무언가 시도하는 것을 겁내지 마라. 시도의 결과가 완벽하게 나오지는 않을 것이다.

실패에 대한 두려움은 사람들이 일에 전념하거나 용기 있게 무언가 실행하는 것을 막는다. 노스페이스(North Face)는 위험한 일이었다. 내가 이 사업에 뛰어들었을 때 배낭여행(Backpacking) 산업이라는 것은 아예 존재하지 않았고, 내 동년배들은 사회적으로 성공한 위치에서 활약하고 있었다. 그러나 나는 내가 잘 아는 분야에서 일하고 싶었고, 회사의 운명에 영향을 미칠 수 있는 일을 하고 싶었다. 사람들은 돈이 되지 않는 사업이라며 내가 미쳤다고 말했다. 나는 만약 이 회사가 커지지 않는다면 그냥 그대로 두겠다고 말했다. 그러나 사람들의 예상을 뒤엎고 이것은 수백만 달러 규모의 산업이 되었다.

내가 만약 다른 사람들의 평범한 조언을 받아들였다면 절대로 이 사업에 뛰어들지 않았을 것이다. 그러므로 당신은 무언가를 시도하려고 할 때 용감해져야 한다. 왜냐하면 지금 사람들이 하고 있지 않은 사업이라 할지라도 앞으로 15년 안에는 생길지도 모르기 때문이다. 우리 주변의 테크놀로지 중 90%는 지난 5년간 만들어진 것이다. 당신은 밖으로 나가야 한다. 그리고 앞으로 생길 새로운 무언가를 창조해야 한다. **99**

— ***Hap Klopp*** 노스페이스 설립자, 캔터베리홀딩스 회장 합 클롭

준비에 너무 많은 시간을 낭비하느라 기회를 놓치느니 지금 당장 행동에 옮기는 것이 낫다.

Learn that the word no doesn't always mean no

'No' 라는 말이 항상 진짜 'No' 를 의미하지는 않는다

❝ 당신의 눈앞에 장애물이 있을 때 멈추지 마라. 그리고 '난 할 수 없어' 라는 말도 하지 마라. 왜냐하면 어딘가에는 분명 당신이 원하는 방향으로 갈 수 있는 길이 있기 때문이다. 또한 다른 사람들이 당신이 무언가를 할 수 없다고 말하도록 내버려두지 마라. 성공한 사람은 언제나 다른 길을 찾아내거나 다른 방법을 찾아낸다. 그들은 자신의 신념에 따라 살아가며, 그들 앞의 장애물이 미래를 좌지우지하도록 두지 않는다.

내 삶을 돌아보면 나보고 미쳤다고 말하는 사람들이 꽤 많았다. 그들은 그저 날 보호하려는 것이었지만, 알고 보면 그들은 나와는 다른 비전을 가지고 있었던 것뿐이다. 나는 서른 살에 천만 달러의 가치를 가진 회사를 매수했다. 처음에 은행에서는 날 비웃었다.

"이봐요, 우리는 당신에게 회사는커녕 사무실 하나를 낼 돈도 빌려주지 않을 거예요."

그러나 나는 계속해서 시도했고, 결국 현금 없이 푸르덴셜과 롱아일랜드 전체의 주택 부동산 중개권을 따냈다.

이러한 결과는 내가 그들과 정면으로 부딪쳐서 나보다 나은 사람은 없을 거라고 말했기 때문이다. 거의 불가능한 일이었다. 백만 분의 일 확률이었다. 그리고 그들은 나에게 백만 분의 일의 영광을 주었다. 이런 기적적인 일은 9·11 테러 이후 내가 더글라스 엘리만을 매수했을 때에도 있어났다. 당시 모두 내게 이렇게 말했다.

"당신은 미쳤어요. 왜 테러리스트가 공격한 다음에 사는 거죠?"

왜냐고? 나에게는 믿음이 있었기 때문이다. 나는 뉴욕을 믿었다. 대부분의 사람들은 당신이 무언가를 할 수 없는 이유에 대해 말한다. 그러니 당신에게 'Yes'라고 말해줄 누군가를 찾을 때까지 계속 전진하라. 99

— *Dottie Herman* 푸르덴셜 더글러스 엘리만 *CEO* 도티 허먼

 누군가 당신에 대해 평가하는 말에 순응하지 마라. 왜냐하면 당신의 삶은 당신 것이기 때문이다.

Be in the game

게임에 참여하라

❝ 내 책상에는 루즈벨트 대통령의 명언이 붙어 있다. 글귀는 이렇게 시작한다.

'남을 평가하는 사람은 중요치 않다. 현장에서 피와 땀을 흘리며 애쓰는 사람에게 모든 공과 명예가 있다.'

이 글귀야말로 바로 내가 말하고자 하는 바를 그대로 나타낸 것이다. 무언가를 시도해 본 사람은 결코 후회하지 않는 법이다. 후회는 아무것도 시도해 보지 않은 사람이 하는 것이다.

내가 루즈벨트 대통령의 명언을 처음 읽었을 당시 마침 나는 컬럼비아 영화사(Columbia Pictures)의 프로덕션 회장으로 승진했다. 나는 반지를 잡으려고 부단히 노력했지만, 솔직하게 말하면 내가 뭘 하고 있는지조차 잘 모르고 있었다. 다행히 이때 읽은 루즈벨트의 명언은 내가 계속 앞으로 나아가도록 감정적으로 나를 지지해 주었다. 영화 사업에는 흥행의 달

콤함도 있는 반면, 실패도 빈번히 일어나기 때문에 이 말은 내게 큰 힘이 되었다.

나는 프로농구팀인 LA 레이커스의 코치였던 팻 라일리(Pat Riley)와 함께했던 저녁식사를 기억한다. 그는 내게 물었다.

"일은 잘 되나요? 금요일 밤 당신의 인생을 걸고 노력을 쏟아 부어도 다음날 아침에는 그것들이 모두 사라져버릴 수 있죠."

나는 그에게 되물었다.

"당신은 어떤가요?" 그는 말했다. "나는 승리를 패배처럼 받아들이고, 패배를 승리처럼 받아들이죠. 두 가지 모두 나에게 영향을 미칠 수 없어요."

나는 그의 이 말을 가슴 깊이 받아들였다. **99**

— *Michael Nathanson* ONC 엔터테인먼트 회장 겸 CEO 마이클 내이선슨

인생에는 비오는 날이 있으면 갠 날도 있게 마련이다. 그러므로 당장 눈앞에서 일어난 일에 일비일희할 필요가 없다. 중요한 것은 계속해서 무언가를 시도하고, 열정적으로 게임에 참여하는 것이다.

Values
가 치 를 만 드 는 삶

Live your life in integrity and truth

진실하고 정직한 삶을 살아라

> **66** 103세에 돌아가신 나의 어머니 마리 핸포드는 내가 아주 어렸을 때부터 사회 환원과 봉사의 중요성을 일깨워주었다. 어머니는 내가 세상에 남길 수 있는 가장 중요한 유산은 이력서나 통장이 아니라, 나의 성품에서 찾을 수 있는 것이라고 했다. 어머니가 보여준 본보기는 내가 공익사업을 통해 하느님이 주신 재능을 활용할 수 있도록 용기를 북돋아주었다. **99**

― **_Elizabeth Dole_** 상원의원 엘리자베스 돌

'어떤 삶을 살 것인가?' 한 살이라도 젊었을 때 이 명제를 고민하지 않으면 죽음이 가까워졌을 때 후회만이 남을 것이다.

Find your voice and gaun the courage to speak for yourself

자신의 목소리를 찾아 자신을 위해 말할 수 있는 용기를 얻어라

❝ 리더가 되건 아니건 당신은 부모 세대보다 좋지 않은 경제적 상황을 헤쳐 나가야 한다. 이제 더 이상 부모 세대의 경제를 생각해선 안 된다. 건강보험이나 퇴직연금, 죽을 때까지 빚과 함께하는 삶 같은 문제들은 다음 세대를 위한 중요한 문제들이다. 또한 당신은 당신의 목소리를 내기 위해 새로운 조직과 커뮤니티를 만드는 방법을 찾아봐야 한다. 만일 당신의 목소리를 내기까지 오랜 시간이 걸린다면 이러한 변화에 대응하는 것이 너무 늦어질지도 모른다. ❞

— ***Andy Stern*** SEIU 대표 앤디 스턴

자신을 위해 행하는 것 중 가장 좋은 방법은 자신의 생각을 말하는 것이다. 단, 올바른 생각이어야 할 것이다.

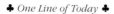

Move forward with purpose

목표를 가지고 앞으로 나아가라

❝ 아마도 젊을 때는 어떤 삶을 살게 될 것인지 명확하게 정의한 비전을 가지기 어려울 것이다. 그렇지만 삶의 기본적인 질문에 대한 답을 하나씩 형성해 나가는 것은 매우 중요한 일이다. '나에게 중요한 가치들은 무엇인가? 내가 즐거워하는 일은 어떤 것인가? 나의 인생을 통틀어 지속될 수 있는 가치를 어떻게 만들어낼 수 있는가?'

목표를 가지고 앞으로 나아가며 겪는 모든 경험들은 당신이 원하는 사람으로 당신을 깎고 다듬어줄 것이다. 물론 당신의 가치와 정체성은 변하지 않을 테지만, 그러한 경험을 통해 당신이 붙잡고 있는 어떤 느낌과 기억들은 당신을 서서히 변화시킬 것이다. 당신은 다른 사람과 함께 일하는 법을 배우고, 열정을 느끼게 하는 것이 무엇인지 발견하게 될 것이다.

전 세계에 걸쳐 내가 아는 성공한 사람들의 삶에는 씨줄과 날줄처럼 엮인 공통점이 존재한다. 그들은 변화를 기꺼이 수용할 줄 아는 자세를 가지고 있으며, 삶에서 일에 대한 비전을 갖는다는 것이 얼마나 중요한지 잘 알고 있다. ❞

― *Carlos Ghosn* 닛산 CEO 카를로스 곤

목표를 가지고 앞으로 나아가며 겪는 모든 경험들은 당신이 원하는 사람으로 당신을 깎고 다듬어줄 것이다.

Say thank you

고맙다고 말하라

❝ 삶이란 매우 간단한 것이다. 정말이다. 감사를 표하라. 친절한 사람이 되라. 자신을 생각하기 전에 남을 먼저 생각하라. 이런 자세는 당신을 리얼리티 쇼에서 이기게 만들지는 못하겠지만, 의미 있는 삶이 되도록 만들어줄 것이다. 나의 가장 소중한 기억 중 몇 가지는 "고맙습니다"라는 말과 함께한다. 만일 그들의 관심과 친절한 개입이 없었다면 나의 삶은 지금과는 많이 달랐을 수도 있다. 지금까지 나의 삶이 괜찮은 것이라면 그것은 아마도 나에게 투자한 친절한 사람들 덕분일 것이다. 또 나의 삶이 의미 있다면 그것은 친절함의 강이 나를 통해 다른 이들에게 흘러갔기 때문일 것이다. ❞

— ***Andrew Benton*** 페퍼다인 대표 앤드류 벤튼

감사를 표하라. 친절한 사람이 되라. 자신을 생각하기 전에 남을 먼저 생각하라.

Reach away from the self

자기 자신과 일정한 거리를 두어라

66 나의 세대는 자기 자신에 너무 빠져 있다. 직업적으로든 개인적으로든 우리를 움직이는 가장 큰 질문은 '이건 나에게 좋은 것인가?'이다. 만약 다음 세대가 '이건 우리에게 좋은 것인가?'라는 질문으로 움직이게 된다면 세상은 더욱 살기 좋아질 것이다. 지금의 우리는 아주 자기중심적인 존재가 되었다. 그러므로 우리는 우리의 개인적인 삶을 관심과 협력의 선물로 발전시켜 나갈 필요가 있다. 리더가 되고 싶은 사람은 누구든 다른 이들을 끌어 모으는 방법과 사람들에게 활력을 주는 방법을 배워야 한다. 그들이 바로 우리가 가장 필요로 하는 사람들이다. **99**

— ***Anna Deavere Smith*** 배우 안나 데버 스미스

 다음 세대를 위해 버려야 할 것은 자기중심적 사고와 이기심이다.

*Make philanthropy part
of your DNA*

봉사를 DNA의 일부로 만들어라

66 나의 친구이자 멘토인 앨런 하센펠드(Alan Hassenfeld, 미국 완구업체 하스브로 회장)는 우리 직원들에게 기부하기 위한 명확한 방법을 알려주기 위해 자선 프로그램에 현실적 구조를 적용하라고 조언했다. 아주 작은 시작이라도 비즈니스에 자선활동을 통합시키는 것은 사업을 시작하는 젊은이에게 환상적인 조언이다. 열심히 일하고, 눈을 비전에 고정시키고, 방해하는 이들을 무시하는 것이야말로 올바른 일을 수행한 뒤에 따르는 중요한 가치들이다.

세일즈포스닷컴(salesforce.com)에서 우리는 알게 되었다. 우리 회사의 DNA 한 켠에 박애정신을 주입시키는 것이야말로 회사를 진정한 회사로 만드는 데 공헌한다는 것을. 지금 우리가 진행하고 있는 봉사활동들은 우리의 커뮤니티에 긍정적이며 옳은 일들이다. 봉사활동은 직원들의 영혼을 살찌워주기도 한다. 남을 돕는 것만큼 즐거운 일은 없다. 그것은 당신이 은퇴할 때까지 기다렸다가 하는 일이 아니다. **99**

— ***Mark Benioff*** 세일즈포스닷컴 *CEO* 마크 베니오프

 남을 돕는 것만큼 즐거운 일은 없다.

Aim ti live so that the world becomes a better place because you lived in it

목표를 가지고 살아라
그렇게 함으로써
당신이 살고 있는 이 세상은 더 좋은 곳이 될 것이다

❝ 도덕적인 삶을 살아가는 것은 당신이 얼마나 많은 돈을 벌 수 있는지, 얼마나 많은 물건을 살 수 있는지, 얼마나 많은 쓰레기를 버릴 수 있는지를 지켜보는 것보다 훨씬 값진 삶의 모습이다. 필요한 것보다 더 많은 돈을 벌어들이는 것이 사람들을 결코 행복하게 만들지 않는다는 것을 수많은 연구결과가 증명한다. 그러나 심리학자들이 종종 '흐름(Flow)'이라고 부르는 것들, 즉 당신을 정의내릴 수 있는 어떤 목표를 가지고 일에 몰두하는 것은 사람들을 행복하게 만들 수 있다. 도덕적인 삶을 살아가는 것도 하나의 목표가 될 수 있다.

매일매일 당신의 선택을 가치 있는 것으로 만들어라. 럭셔리한 물건들에 돈을 쓰기 전에, 수백만 명의 사람들이 돈이 없어 가장 기본적인 의료 혜택조차 받지 못하고, 자신의 아이들을 학교에 보내지 못한다는 것을 기억하라. 당신이 코카콜라 한 캔을 살 때, 당신이 지불하는 그 돈은 지구 한 편에서 살고 있는 사람들의 하루 생활비보다 더 많다. 유니세프나 옥스팸(옥스포드를 본부로 하여 1942년에 발족한 극빈자 구제기관)을 통해 우리의 풍요로움을 아주 조금 나누는 것은 당신의 삶에 어떤 의미나 목적을 주는 가장 쉬운 일이 될 것이다. **99**

― *Peter Singer* 철학자이자 생명윤리학자 피터 싱어 교수

 어떤 목표를 가지고 일에 몰두하는 것은 당신을 행복하게 만든다. 이왕이면 그 목표가 사회공헌과 관련이 있고 하는 일이 타인과 나눌 수 있는 실천이라면 더욱 행복할 것이다.

Stand by the values you hold dear, and never compromise

소중히 여기는 가치를 지키고, 절대로 타협하지 마라

66 어미 곰이 어떻게 새끼 곰을 가르치는지 아는가? 새끼 곰은 어미 곰 주위를 기어 다니면서 오랫동안 반복하는 아주 작은 것들부터 배워나가기 시작한다. 우리의 아이들도 같은 방법으로 우리에게 배운다. 거의 모든 사람들은 결국 부모가 될 것이기 때문에 우리는 삶의 어느 순간에는 모두 리더가 되는 셈이다. 우리 모두가 가지고 있는 역할 속에서 우리 자신이 아이들을 포함해 다른 이들에게 전하는 가치들이 무엇인지 깨달아야 한다. 그 가치들은 계속해서 다음 세대에 전해져 내려갈 것이기 때문이다. 그러므로 기억하라. 내일은 너무 늦다. **99**

— **Isadore Sharp** 포시즌 호텔 창립자 이사도르 샤프

소중히 여기는 가치가 있다면 그것을 지켜내는 것 또한 중요하다. 그중 하나는 다음 세대에 전하는 것이다.

Don't get caught up in materialism

물질주의에 물들지 마라

66 우리는 무엇을 입고 어떤 자동차를 모는가에 따라 어떤 사람인지가 인증되는 사회에서 살고 있다. 이건 매우 끔찍한 일이다. 나는 나와 함께하는 운동선수들이 자존감과 성취감을 값진 자동차나 보석보다 중요하게 여기기 바란다. 왜냐하면 진정으로 성공한 사람들은 자신의 성공을 과시할 필요가 없기 때문이다. 당신은 굳이 10채의 집이나 10대의 자동차를 가지고 있을 필요가 없다. 또 당신의 개성이나 진실성과는 전혀 상관없는 성형수술을 받을 필요도 없다. 당신의 외양을 모두가 좋아하도록 보여줄 필요는 없는 것이다. 99

— ***Bill Duffy*** *BDA스포츠매니지먼트 대표 겸 CEO 빌 더피*

 물질주의는 우리를 무엇이 중요한지 모르는 삶의 길로 인도한다.

*There will be a time for you
to take action for
what is right - do it*

옳은 것을 위해 행동해야 할 날이 온다면, 꼭 행동하라

❝ 약속된 내일은 없다. 그러므로 당신이 사랑하는 사람들을 위해 시간을 내라. 옳은 일을 위해 일어나라. 그리고 언제나 도움의 손길을 내밀어라.

나의 아버지는 사랑하는 사람들을 위해 시간을 내는 것이 어떤 의미인지 가르쳤다. 독학을 해서 두 가지 일을 배운 아버지는 평생 가족을 부양하는 한편, 가족과 함께 동물원에 소풍을 가고, 강둑에 가서 물고기를 잡아 점심에 바비큐 파티를 하는 일을 잊지 않았다. 나의 아버지는 사랑을 표현하는 것을 두려워하지 않았다.

학창 시절 나는 할머니와 발을 맞추어 걷기 위해 빠른 걸음으로 걸어 다녀야 했다. 할머니는 나를 흑인자문회의(Negro

Advisory Council)에 데리고 가셨다. 할머니는 내가 '국기에 대한 맹세' 부분을 주도해야 한다고 고집했기에 나는 일어나 말하는 법을 배우게 되었다. 또한 나는 숫자가 가진 힘과 변화를 이끌어내는 데 동원하는 힘을 배울 수 있었다. 1960년의 보이콧과 시위가 시작되었을 때, 나는 준비가 되어 있었다. 나는 넬슨 만델라를 아주 존경한다. 그의 명언 중에서 두 가지가 특히 가슴에 남는다.

'우리는 반드시 현명하게 시간을 소비해야 하고, 옳은 일을 하기에 언제나 시간은 적당한 때라는 것을 깨달아야 한다.'

그리고 또 하나.

'좋은 머리와 좋은 가슴은 가공할 만한 결합이다.'

현명한 정치인의 슬기로운 조언이다. **99**

— ***Marie Smith*** 전 미국노인협회 대표 마리 스미스

 작은 것 하나라도 아는 것을 실천하는 것이 중요하다. 그것이 옳은 일이라면 지금이 바로 진정으로 행동에 옮겨야 할 때이다.

Integrity matters
진정성은 중요한 것이다

❝ 나는 유타의 작은 시골 마을에서 자랐다. 나와 함께 자란 사람들은 아마 도시의 기준에 걸맞은 교양을 가지고 있지는 못할 것이다. 그러나 그들은 가장 기본적인 가치를 잘 알고 있다. 특히 나의 부모님이 강조한 가치는 내가 지금까지 의지하고 있는 도덕적인 기초교육이다. 나는 이 가치들을 나의 자녀와 손자들에게 물려주었다.

최근 10대들을 대상으로 실시한 설문조사 결과에 나는 적지 않은 충격을 받았다. 많은 아이들이 위에서 압박을 받았을 때 그들의 신념을 내세울 수 있는 용기가 없다는 것이다. 너무 많은 아이들이 실수를 저질렀을 때 이를 숨기기 위해 상사에게 거짓말을 할 것이라고 응답하거나, 상사가 그들에게 비도덕적인 일을 시켰을 때 고분고분 따를 것이라고 응답했다.

아마도 이 문제의 일부분은 우리 스스로를 평가하던 기준점과 연결되어 있을 것이다. 즉, 높은 지능지수(IQ)는 대부분의 사람들에게 성공의 가능성을 나타내주는 증표가 되며, 자랑스러움의 원천이 된다는 점이다.

기존의 IQ를 진실지수(Integrity Quotient)로 바꾸어라. 당신의 새로운 IQ를 가장 높은 레벨로 끌어올리기 위해 헌신적으로 노력하라. 영속적이고 진실한 성공은 당신이 도덕적이고 정직한 마음으로 일에 임했을 때에만 얻을 수 있다. **99**

― *James Quigley* 딜로이트&투쉐 USA 제임스 퀴글리

 거짓과 비도덕적인 방법으로 이룩한 성공은 언젠가 무너지고 만다.
진정한 성공은 도덕성과 정직성에 기반하며,
그래야만 지속 가능하다.

Be a changemaker
변화주도형 사람이 되라

66 당신의 삶과 주변을 혁신적으로 바꾸기 위한 힘을 가지게 될 때까지 기다리지 마라. 사회가 더 좋아지기 위해 밟아나가 야 할 다음 순서를 눈에 그릴 수 있고, 이를 위해 당신이 마침 내 사람들을 움직이고 이끌 수 있다는 것을 발견했을 때는 이 미 늦다. 그때는 당신이 할 수 있는 게 아무것도 없다.

당신이 '체인지 메이커(Change Maker)'라는 사실을 아는 유 일한 방법은 바로 체인지 메이커가 되는 것이다. 젊을수록 좋 다. 당신은 개인교습, 라디오 프로그램, 사업, 혹은 당신의 흥 미를 끄는 무언가를 시작하면서 세상을 바꿀 수 있다.

체인지 메이커가 되는 것은 자전거를 타는 것과 같다. 물론 그것은 자전거를 타는 것보다는 훨씬 중요하고, 더 많은 연습 을 필요로 한다. 그저 그것에 대해 읽거나 생각하는 것만으로 는 원하는 것을 얻을 수 없을 것이다. 분명한 것은 너무 늦게 시작한다면, 정말로 늦어버리게 된다는 점이다.

당신의 삶을 정의할 수 있는, 세상을 바꾸는 가장 첫 번째 열쇠는 무엇인가? 그저 스스로를 허락하는 것이다. 많은 사람들은 당신에게 할 수 없다고 말할 것이다. 제발 그들을 무시하라. 그러나 예의 바르고 정중하게 무시하라. 그들은 스스로를 허락하지 않았기에 한계 지어진 삶을 살고 있을 뿐이다. 당신의 전진은 그들의 후회를 자극한다. 그것이 당신이 듣는 말인 것이다. 당신이 가진 상상에 귀 기울이는 것이 훨씬 낫다. **99**

— ***Bill Drayton*** 아쇼카 설립자 빌 드레이튼

 변화에 적응하는 데 시간을 보낼 것인가, 변화를 이끌 것인가.

No fear,
no envy and no meanness

두려워하지 마라
질투하지 마라 그리고 비열해지지 마라

❝ '두려워하지 마라. 질투하지 마라. 그리고 비열해지지 마라'는 밥 딜런(Bob Dylan)이 어렸을 때 포크가수 리암 클랜시 (Liam Clancy)에게 받은 조언이다.

나는 삶의 자세에 대해 이 조언보다 더 나은 것을 생각해 낼 수 없었다. 이 세 가지 중 따르기 쉬운 것은 하나도 없다. 우리 중 누구도 항상 이 세 가지를 지키지는 못하겠지만, 우리가 힘써 노력하는 목표로 삼기에는 아주 훌륭하다.

클랜시는 예술가들에게 다르게 사는 데 필요한 용기와 위험, 그리고 다른 이의 꿈을 좇는 것의 위험성에 대해 말하곤 했다. 그는 또한 질투가 우리의 판단을 흐리게 만든다는 사실도 인정했다. 우리는 우리가 가진 목표를 비틀지 않으면서도 다른 사람을 존경하고, 그들이 이루어낸 업적들을 열망할 수 있다. 마지막 조언은 인간으로서 간단한 예의에 대한 문제이다. 나의 아버지는 이를 다르게 표현하길, "신사는 무심코 다른 사람을 모욕하지 않는 사람이다"라고 말하곤 했다. ❞

— *Anne Wilkes Tucker* 휴스턴 파인아트 뮤지엄 큐레이터 앤 윌키스 터커

 두려움은 당신의 삶을 불행하게 만들며, 질투가 당신의 판단을 흐리게 만든다. 그리고 비열함은 당신을 인격 도둑으로 만든다.

*Whatever you do,
do it with one goal in mind
- to make the lives of future
generations better*

당신이 무엇을 하든지
후세의 더 나은 삶을 위한 목표를 가슴에 담고 하라

66 나의 부모는 1930년대 이탈리아에서 미국으로 이민을 왔다. 다른 수백만 명의 사람들과 같이 부모님은 가족과 집을 뒤로하고 3000마일의 먼 길을 건너 돈도, 직업도, 능력도 없이 심지어는 영어도 할 줄 모르는 상태로 낯선 나라에 정착했다. 내가 소년이었을 때 나는 아버지께 종종 이렇게 물었다.

"왜 편안한 터전과 가족을 뒤로하고 몇 천 마일을 건너 낯선 땅으로 오신 건가요?"

아버지의 대답은 간단했다.

"왜냐하면 너의 엄마와 나는 미국에서 네게 더 좋은 환경을 제공해 줄 수 있을 거라고 굳게 믿었기 때문이란다."

여러 측면에서 볼 때 아버지가 하신 말씀은 아메리칸 드림의 근간이다. 우리가 내일이 아니라 오직 오늘만을 위해 살 때, 우리 아이들의 안전을 위해 희생하기를 거부할 때, 미래를 저당잡히고 오늘을 소비할 때, 우리는 우리의 조상, 개척자, 그리고 이민자 부모님이 가꾸어 놓은 민주주의의 기본 원칙들을 배반하는 것이다. 99

— *Leon Panetta* 미국 국방부 장관 리온 파네타

 오늘을 살게 한 부모의 선물처럼 더 좋은 미래를 우리의 후세에게 선사해야 한다.

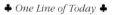

Value Yourself

자기 자신에게 가치를 부여하라

❝ 우리는 다른 사람이 무엇을 생각하는지, 다른 사람이 기대하는 것이 무엇인지에 대해 너무 많은 걱정을 하면서 산다. 혹시 다른 사람이 내가 해야 한다고 생각하는 것을 하고 있지는 않은가? 나는 부모님을 기쁘게 하고 있는가? 상사나 배우자는 어떤가?

종종 우리는 자신에게 가장 비판적인 사람이 된다. 나는 거식증에 시달리며 제로 사이즈를 유지해야 하는 모델로서 이런 자기비판과 싸워왔다. 그래서 나는 모든 사이즈의 여성들이 내가 디자인한 옷을 입고 스스로에게 감탄할 수 있도록 그동안 마음에 들지 않았던 나의 나쁜 부분을 긍정적으로 바꿨다. 일생 동안 사람들은 내게 멍청한 금발머리라고 말해왔지만 나는 내가 멍청하지 않다는 걸 잘 알고 있었다. 결국 지금 나는 수천, 수만 장의 바지를 팔면서 내가 사랑하는 모든 일들을 해나가고 있다. **❞**

– *Paige Adams Geller* 패션 디자이너 페이지 아담스 겔러

 우리는 스스로의 생각과 느낌에 가치를 두는 법을 배우고,
자신의 아이디어와 자기 표출의 방법을 발전시킬 때,
비로소 세상에 더 많은 선물을 할 수 있게 된다.
이는 삶을 살아가며 가져야 할 신념을 줄 것이다.

Attitudes

세 상 을 다 르 게 보 는 삶

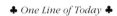

Create Your own luck

행운을 창조하라

66 행운은 준비된 사람에게 기회가 왔을 때 생기는 것이다. 이는 내가 10대일 때 들은 최고의 조언이다. 이 말은 간단해 보이지만 현실에서는 그렇게 잘 들어맞을 수가 없다. 나는 다른 사람들이 성공한 누군가를 바라보며 그들이 얼마나 행운아인지 부러워하는 데 시간을 낭비하는 것을 많이 보았다. 또 만약 준비만 되어 있었다면 주변의 기회를 낚아채 스스로 행운아가 될 수 있는 기회를 놓치는 경우를 많이 보아왔다.

물론 이 말을 실현하기 위해서는 당신이 생각하는 것보다 더 많은 공부를 해야 하고, 수다를 늘어놓는 것보다 상대방의 말에 더 귀를 기울여야 하며, 비디오 게임을 하기보다 독서를 해야 할 것이다. 이는 기회를 잡기 위해 항상 준비된 자세를 유지하고, 새로운 것을 시도해야 한다는 것을 의미한다. 결국 이 모든 노력들은 열매를 맺게 될 것이고, 당신은 운명을 통제할 수 있게 될 것이다. **99**

— *Christine Todd Whitman* 전 미국환경보호청 국장 크리스틴 토드 위트먼

 기회는 아무런 준비 없이 기다리는 것이 아니라 만드는 것이다.

Be different

남들과 다른 사람이 되라

❝ 만약 당신이 다른 사람들과 똑같다면, 그저 기계의 톱니바퀴나 상점 안의 물건과 다를 바 없을 것이다. 남들과 다른 사람이 되라. 뛰어난 사람이 되라. 때로는 사람들의 기분을 상하게 하고, 사람들 사이에서 튀고, 규율에 도전하라. 이것들은 선생님들이 바라는 것은 아니지만, 정확하게 세상이 필요로 하는 것이다. ❞

― ***Seth Godin*** *작가 세스 고딘*

 우리의 삶은 본질적으로 다양성을 내포한다. 사람마다 개성과 재능이 다르고, 필요와 쓰임새가 다르다. 가진 도구가 망치밖에 없을 때는 모든 문제가 못처럼 보이는 법이다.

See greatness in yourself
당신 안의 위대함을 보라

66 나는 모든 사람들이 각자 위대한 잠재력을 가지고 있다고 믿는다. 트로피나 경주에서 이긴다거나 어른이 되어 수백만 달러를 벌어들이는 것과 같은 종류의 위대함보다 훨씬 더 중요한 위대함 말이다. 이것은 무언가를 되돌려줄 수 있는 위대함이고, 도움을 필요로 하는 사람들에게 손을 내밀어줄 수 있는 위대함이며, 아픈 사람들과 외로운 노인들을 돌볼 줄 아는 위대함이다. 이것은 세속적인 위대함보다 한 단계 더 높아서 다른 사람들을 위한 좋은 본보기가 된다. 이런 위대함이야말로 진정한 차이를 만드는 것이다. 당신 안의 위대함을 보라. 그것은 이미 당신 안에 강력한 모습으로 존재한다. 99

― ***Jennifer Granholm*** 미시건 주지사 제니퍼 그랜홈

자기 자신을 긍정적으로 변화시킨다면 진정한 차이를 만들 수 있다.

Don't worry so much

지나친 걱정은 정력 낭비다

❝ 나는 조급한 데다 야망을 가진 편이라 거의 10년 동안이나 생산적이지 않은 걱정을 해왔다. 돌이켜보면 그런 걱정들을 하지 않았더라도 나는 내가 하고 있는 일을 하며 지금과 똑같은 위치에 있었을 것이다. 나는 예술 시장이 불황은 아닌지 걱정했고, 사람들이 오래된 그림들을 사지 않을까봐 노심초사했다. 또 유럽의 컬렉터들이 그림을 살지, 사지 않을지 걱정했다. 잠시도 쉬지 않고 비생산적인 에너지를 엄청나게 써왔던 것이다.

지금 내가 가지고 있는 관점을 그때도 가지고 있었다면 나는 좀 더 달콤한 잠을 즐길 수 있었을 것이다. 친구의 죽음이나 9·11 사태, 혹은 눈앞에 빠르게 달리는 택시가 스쳐지나갔을 때와 같은 공황상태에서 찾아오는 명료함의 순간이 있다. 그럴 때면 나는 걱정에 힘을 낭비하지 않을 때 삶의 즐거움이 얼마나 큰 것인가에 대해 생각한다. ❞

– *Marc Porter* 크리스티 아메리카즈 대표 마크 포터

걱정의 99%는 아직 일어나지 않은 미래의 일이다.
불확실한 일에 대해 미리 걱정하는 것은 심신의 에너지를
소모하고 오늘 할 일에 지장을 줄 뿐이다.

Give up Self-critical shame

자기 비하를 하지 마라

66 자기 비하는 보통 공통적인 오해를 불러일으킨다. 자기 비하에 빠진 사람들은 어디를 가나 자신에 대해 비판하는 것처럼 보고 듣고 느끼게 된다. 실제로는 그렇지 않은데 말이다. 이처럼 굴욕적인 감정에 익숙해지다 보면 그들은 자신의 갇힌 시야에 스스로를 끼워 맞추기 위해 다른 사람들이 자신에 대해 어떻게 생각하는지 이야기를 지어낸다. 자, 솔직해져 보자. 자기 비하적인 사람들은 다른 사람들도 자신이 생각하는 것처럼 자기를 본다고 상상하게 된다. 명확하게 정리하자면, 당신이 읽을 수 있는 것은 오직 자신의 마음뿐이다. 99

– **Sheenah Hankin** *작가이자 심리 치료사 쉬나 한킨*

인생에서 성공을 이끌어낼 수 있는 원동력은 자존감을 바탕으로 한 자신감이다.

Only you control your attitude

자신의 마음가짐을 통제할 수 있는 건 오직 자기 자신뿐이다

❝ 아침에 일어나 발을 디딜 때, 그날의 마음가짐을 결정하는 것은 다른 누구도 아닌 바로 당신이다. 사람들은 종종 '좋은 하루 보내세요'라고 말한다. 그러나 나는 '좋은 하루 만드세요'라고 말하려고 노력한다. 이 말은 자기 자신이 스스로를 통제할 수 있다는 더욱 주도적인 의미를 가지고 있다. 나는 거의 파산 직전의 회사에서 일한 적이 있다. 대부분의 직원들이 실직을 당한 상태였다. 그러나 그 회사의 CEO는 긍정적으로 말했고, 미소를 잃지 않았으며, 어려움을 이겨낼 수 있다는 자신감을 직원들에게 보였다. 이것은 내 눈을 번쩍 뜨이게 만든 사건이었고, 그날 이후 나는 세상을 보는 관점이 바뀌었다. ❞

― *John Murphy* 오펜하이머펀드 CEO 존 머피

 시간이 모든 것을 해결해 준다는 말이 있지만, 실제로 일을 변화시켜야 하는 것은 바로 당신이다.

Don't be afraid to question the system

시스템에 질문을 던지는 것을 두려워하지 마라

❝ 어린 시절 나는 학교에서 정식 교육을 받을 수 없었다. 그래서 대신 자족적으로 교육을 받기로 결정하고, 홈스쿨링을 비롯한 여러 교육 프로그램을 찾아 나섰다. 그 결과 대학 교수들로부터 비공식적으로 강의를 들을 수 있도록 허락을 얻어냈다. 정식 학생이 아닌 채 강의를 들으러 다니는 것은 조금 두려운 일이었지만 이는 내가 자신감을 더 빨리 발전시켜 나갈 수 있는 기회가 되었다. 또한 내게는 더욱 도전적이고 생산적인 교육이 되었다. 드디어 내가 렌셀러공대의 공식적인 학생이 되었을 때 그들은 나를 따뜻하게 환영해 주었고, 나는 남들보다 빠른 16살에 대학을 졸업할 수 있었다. **❞**

― **Adrian Scott** *라이즈 창립자 겸 CEO 애드리안 스콧 박사*

많은 사람들이 다니는 넓고 큰 길이 내가 가려는 목적지로 가는 지름길을 의미하지는 않는다. 남들과 다른 길을 간다고 해서 두려워할 필요는 없다.

Walk tall
자부심을 가져라

❝ 미네소타 페리보우에 있는 성공회 군사학교인 셰턱 스쿨 2학년, 15살이 되었을 때 나는 자부심을 가지고 살아야 한다는 것을 배웠다. 교장 선생님인 시드니 골드스미스 주니어는 성공회 사제였다. 어느 날 나는 고개를 숙이고 학교 복도를 걷고 있었다. 교장 선생님이 내게 다가와 말했다. "항상 고개를 들고 다녀라." 이 한마디가 내게 긍정적인 힘을 주었다. 이 한마디는 특히 내가 군사학교에 적응하느라 힘든 시간을 겪을 때 커다란 영향을 미쳤다. 그의 간단한 조언은 단지 내 몸을 쭉 펴고 다니라는 말이 아니었다. 나의 영혼도 함께 쭉 펴고 다니라는 말이었다. ❞

— ***Garrett Thornburg*** 쏜버그 컴퍼니 회장 겸 CEO 가렛 쏜버그

 자부심이야말로 어려움과 고난을 견디게 하는 힘이다.

Believe that you're worth something

당신이 가치 있음을 믿어라

❝ 홍콩에서 어린 시절을 보낼 때 나는 세상과 나눌 수 있는 것이 아무것도 없다고 느꼈다. 비즈니스 마케팅 업계의 용어를 빌리자면 나는 '나쁜 위치'에 있었다. 내가 태어나자마자 3명의 남동생이 연이어 태어났다. 나의 가족은 남자아이를 선호했고, 나는 방치되고 학대받았다. 내 이야기는 개성도 포부도 없는 어린 중국 소녀의 슬픈 이야기가 될 수도 있었다. 내 인생은 깊은 성찰이나 세상에 대한 기부 같은 것은 꿈도 꾸지 못하는 이야기가 되기 쉬웠다.

그러나 모든 사람들은 일생에 몇 번쯤 당신을 믿어주는 사람을 만나게 된다. 누군가는 당신이 가치 있다고 생각하고 당신이 무언가 의미 있는 일을 할 것이라고 생각한다. 나에게 그 누군가는 할아버지였다. 할아버지는 내가 7살 때 돌아가

섰지만 내가 계속 간직하고 살아갈 수 있는 믿음의 선물을 주었다. 나는 나이키의 부사장이 되었고, 리복의 대표와 아베다의 CEO를 지냈다. 그리고 세상에 긍정적인 변화를 주고 싶다는 꿈을 이루기 위해 비영리단체인 Us 재단을 설립했다. 나는 내게 주어진 운명을 고분고분 받아들이는 대신, 그 운명을 부수고 나와 새로운 운명을 만들었다. 🗩

— ***Marilyn Tam*** Us 재단 마릴린 탬

무언가를 믿게 되면 부지불식간에 그것은 마음속에서 크게 자라게 되고, 언젠가는 현실로 창조해 낼 수 있게 된다.

♣ *One Line of Today* ♣

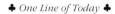

Remember that you are not God

당신은 신이 아니라는 사실을 기억하라

66 매일 아침 거울 안의 당신을 보고 말하라. '삶이 점점 더 나아지고 있으니 놀랍군.' 그러고 나면 인생은 놀랍도록 잘 돌아간다. 사람들이 잘못된 길로 들어서는 것은 자연스러운 일이지만, 그것은 일종의 함정이다. 소비사회는 사람들을 자기 자신밖에 모르는 길로 이끄는 경향이 있다. 그러나 더 많은 물건들이 당신을 행복하게 만들지는 못한다. 진정한 즐거움은 사람들과의 관계와 목표 설정, 그리고 유익한 무언가를 하는 행위에서 찾을 수 있다.

할머니는 미가 6장 8절을 종종 인용하곤 했다. "하느님이 당신에게 요구하는 것이 무엇이냐? 바르게 행동하고 자비롭게 사랑하며, 하느님과 함께 겸손한 자세로 걷는 것이다." 나는 '사랑의 집짓기'를 하며 이 구절을 따르기 위해 노력했다. 우리는 가난한 사람들을 품위와 존경을 담아 대했고 그들과 함께 일하며 가난에서 빠져나오도록 도와주었다. 이는 단지 그들의 삶만 바꾼 것이 아니라 함께한 우리 모두의 삶을 바꾸었다. **99**

― ***Jonathan Reckford*** *사랑의 집짓기 CEO 조나단 렉포드*

 이기주의와 물질주의는 순간적으로 이득과 만족감을 주는 듯해도 당신을 행복하게 만들지는 못한다. 사람은 관계 안에서 존재하고 살아간다. 그 속에서 즐거움을 찾아라.

Realize your problems
are your own

당신의 문제는 당신의 것이다

66 생각보다 많은 문제가 자신에게서 비롯된 것이라는 사실을 빨리 깨닫는다면 당신은 인생에서 경이적인 성공을 맛볼 수 있을 것이다. 나의 아버지는 이를 '성숙함'이라는 말로 정의했다.

그러나 아메리칸 아이돌이나 어프렌티스(The Apprentice), 혹은 어메이징 레이스(The Amazing Race) 같은 리얼리티 쇼를 보면 떨어진 참가자는 절대 자신의 잘못을 인정하지 않는다. 이는 정말 충격적인 일이다. 줄리어스 시저는 이런 명언을 남겼다.

"실패는 운명이 아니라 우리 자신에게 원인이 있다."

인류 역사상 지금만큼 풍족한 생활을 누린 적은 없다. 우리의 삶은 너무나 쉽게 돌아간다. 사람들은 모든 것이 자신만을 위해 준비되어야 한다고 생각한다. 그러나 주변에서 일어나는 많은 문제가 스스로에 기인한 것임을 깨닫는 성숙함이 필요하다. 이것은 좀 더 많은 사람들이 이해할 필요가 있는 사실이다. **99**

— *Jamie Hooper* 모던 럭셔리 매거진 상무이사 제이미 후퍼

 자신의 잘못을 인정하는 것만큼 어려운 것은 없다. 하지만 잘못으로부터 뭔가를 배우려면 먼저 그것을 인정해야 한다.

Life requires patience,
patience, patience

인생에는 참을 인(忍) 3개가 필요하다

❝ 세상에는 배울 것이 많다. 그러나 너무 서두르지 마라. 좋은 주방장이 되기 위해서는 서두르지 않는 자세가 필요하다. 실력 있는 요리사가 되기 위해서는 적어도 2년 동안은 요리사가 되기 위한 준비과정을 거쳐야 한다. 많은 젊은 요리사들이 바로 주방장이 되고 싶어한다. 왜 그리 서두르는가? 당신은 요리사로서 굉장히 많은 즐거움을 누릴 수 있다. 당신의 경험을 즐겨라. ❞

― **Thomas Keller** *프렌치 린드리의 스타 셰프 토마스 켈러*

 처음부터 쉬운 일은 없다. 인내심을 가지면 무엇이든 이룰 수 있다. 인내는 성공을 위한 최고의 기술이다.

Be prepared for surprises

예기치 않은 일에 대비하라

66 인생은 쉽사리 예측하기 어렵다. 당신의 인생도 아마 예상했던 대로 흘러가지 않을 것이다. 미국에서는 무엇이든 가능하다고 믿는 환상을 가진 바보들의 말은 듣지 마라. 현실은 그렇게 녹록치 않다. 현실적인 눈을 가져라. 당신이 가장 잘할 수 있는 것을 찾아내기 위해 최선의 노력을 다하라. 그리고 열심히 노력하라. 그러면 성공과 행복을 거머쥘 수 있는 가장 좋은 기회를 잡을 수 있을 것이다. 또한 무엇보다도 자신과 다른 사람들에게 정직한 사람이 되라. 오랜 시간이 지나면 정직이 당신에게 편안함을 가져다줄 것이다. 이것은 간단하지만 진실이다. **99**

— ***Frank Deford*** 작가 프랭크 데포드

불확실한 미래에 기대기보다는 현실에 발 딛고 최선을 다하라. 손아귀의 참새가 멀리 나는 두루미보다 낫다.

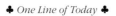

♣ *One Line of Today* ♣

Realize you don't know anything

당신이 아무것도 모른다는 사실을 인정하라

❝ 어린 시절 할아버지는 우리와 함께 살았는데, 매우 좋은 분이었다. 1891년에 태어난 할아버지는 아직 미성년자일 때 해군이 되어 혁명 전에 러시아를 여행하기도 했다. 할아버지는 누구나 롤모델로 삼고 싶어할 만한 분이었다. 나는 종종 할아버지와 함께 이야기를 나누곤 했다.

"나이를 먹어갈수록 내가 모르는 게 너무 많다는 걸 알겠구나."

70세가 된 할아버지는 내게 이렇게 말했다. 그때 나는 할아버지의 말씀을 잘 이해하지 못했지만 지금은 무슨 뜻인지 알 것 같다. 약간의 겸손함을 유지하고, 호기심을 가지고 인생을 살라. 젊었을 때는 자신이 모든 정답을 알고 있다고 생각하는 경향이 있다. 그리고 마침내 사실은 그렇지 않다는 것을 깨닫는 날이 오는데, 그것은 바로 진정한 지혜를 가졌다는 신호이다. ❞

– *Pam O'Connor* 리딩 리얼 에스테이트 컴퍼니 *CEO* 팸 오코너

 〈예기〉에 '배운 후에 부족함을 알고 가르쳐본 후에 어려움을 안다'는 말이 있다. 다양한 경험을 쌓는 것이 인생의 지혜를 체득하는 길이다.

Trust that things are going to work out

모두 잘 될 거라고 믿어라

66 어떤 일을 시작하면 그 일에 뛰어들어 혼신을 다해라. 그 일을 온전히 당신의 것으로 만들어라. 당신이 일을 잘 해낼 것이라고 믿어라. 그러면 만약 일이 잘 되지 않더라도 당신은 그것에서 무언가를 배울 수 있게 될 것이다. 또한 당신은 최선을 다했기 때문에 좋은 기분으로 결과를 인정하고 앞으로 나아갈 수 있다. 이러한 믿음은 우리 가족이 많은 일을 겪게 되면서 터득한 것이다.

나는 파나마에서 자랐고, 어머니는 굉장히 긍정적인 분이었다. 독실한 침례교 신자인 어머니는 언제나 일은 잘 풀리게 마련이라고 믿는 분이었다. 내 기억속의 어머니는 항상 인생을 즐겼고, 나는 어머니의 그런 점을 물려받았다. 긍정적인 자세가 얼마나 중요한지 이보다 더 강조할 수는 없을 것 같다. 인생은 공포 속에서 사는 것보다 그 반대로 사는 것이 훨씬 더 효과적이다. 99

— *Preston bailey* 이벤트 플래너 프레스턴 베일리

 어려운 일이 있더라도 실망하지 말고 긍정적인 자세를 유지하라. 그것이 도전하는 삶을 사는 비결이다.

Dream big

꿈을 크게 가져라

66 1950년대부터 1960년대 초의 고등학교 시절을 돌이켜보면, 당시 젊은이들은 변화의 바람을 주도했었다. 민권운동, 반전운동, 그리고 젊은 사람들의 엄청난 영향력을 보여준 존 케네디의 선거가 있었다. 모두가 변화 주도자였다. 우리는 지금 세계적으로 청소년 환경운동이나 평화, 전쟁 등과 같은 수많은 이슈에 둘러싸여 있다. 내가 어린 소녀였을 때 나는 관공서에서 일하는 사람이 아닌 발레리나가 될 거라고 생각했다. 꿈을 크게 가진다면 스스로 놀라게 될 날이 반드시 올 것이다. **99**

— ***Shirley Franklin*** 애틀랜타 시장 설리 프랭클린

 큰 꿈을 꿔라. 행동은 낮게 하고, 희망은 높게 가져라.

Consistency!

일관성을 가져라!

66 최선을 다하라. 그리고 매일 일관성을 가지고 살라. 크로
와상을 만들 때에도 당신은 크로와상의 레시피와 모양, 그리
고 테크닉을 유지해야 한다. 그렇지 않으면 맛과 질감은 변하
고 크로와상의 질은 낮아질 것이다. 인생도 같은 방식으로 흘
러간다. 그곳에는 사실 새로운 재료들을 초대하기 위한 방이
있다. 그러나 당신은 기본적으로 충실함을 유지해야 한다. 당
신이 할 수 있는 최선을 다해라. 당신이 인생에 있어 자신만의
레시피를 찾게 된다면 이는 당신을 바른 길로 인도해 줄 것이
다. 그 길을 계속 걸어가라. 나머지는 식은 죽 먹기다. 99

— ***Francois Payard*** 쉐프이자 레스토랑 오너 프랑수아 페이야드

일관성 있게 사람들을 대하고, 꾸준히 노력하라.
일관성이란 꾸준함이고 성실함이다.

Dedicate yourself to being
better every day

매일매일 더 나은 존재가 되라

❝ 인생에 있어 가장 훌륭한 가르침이 매우 간단하다는 사실은 참 재미있다. 사실 이런 가르침은 진부하게 들리기 때문에 사람들의 주목을 끌지 못한다. 그러나 당신이 이런 가르침을 통해 스스로를 발전시키려고 노력한다면 삶의 부정적인 측면을 피해갈 수 있다. 매일매일 우리는 새로운 배움의 기회를 얻고, 성장할 기회를 얻고, 순간을 살아가는 기회를 얻는다는 사실을 깨달아야 한다. 시인 칼리다사(Kalidasa)의 시에는 다음과 같은 구절이 있다.

'하루하루를 신중하고 조심스럽게 살라. 진정한 삶을 사는 비결이 여기에 있다.'

일터에서 집으로 돌아오고, 오늘 당신이 한 일과 하지 않은 일에 대한 생각에 빠지는 것은 쉽다. 당신이 지금 이 순간을 충실히 산다면, 매일매일 좋은 일이 생길 것이다. ❞

— ***Watts Wacker*** *퍼스트매터의 창립자 왓츠 왜커*

 다른 사람과 비교하는 것보다 어제의 자신보다 더 나은 사람이 되기 위해 노력하라.

Dream,
and continue to dream

꿈을 가져라
그리고 계속 꿈꿔라

66 꿈이 이루어지기 위해서는 반드시 그 전에 꿈이 있어야 한다. 꿈을 꾸는 것은 배움과 성장에 꼭 필요한 일이다. 만일 당신이 그림을 그리지 않는다면 그것은 결코 현실이 될 수 없을 것이다.

나는 훌륭한 아버지를 갖는 행운을 얻었다. 아버지의 꿈은 북부 버지니아의 최고 부동산업자가 되는 것이었다. 아버지는 7살 때 소아마비에 걸려 일생 동안 다리 하나로 걸어 다녔다. 다른 한쪽은 무릎 아래부터 나무다리였다. 그러나 아버지는 절대 장애를 가진 사람처럼 행동하지 않았고, 장애가 그를 방해하게 두지 않았다. 매년 아버지는 워싱턴의 쇼어햄 호텔의 무대 위에 한쪽 다리로 서서 최고의 상을 받았다. 건강한 두 다리를 가진 사람들은 그들을 능가한 아버지를 우러러봤다. 나는 아버지가 한쪽 다리만으로 해낸 일을 나의 두 다리로 반이라도 이룰 수 있기를 희망한다. **99**

— ***Tom Stevens*** *전미중개사협회 전 대표 톰 스티븐스*

 꿈이 있다면 지금보다 나은 내일의 희망을 품고 살 수 있다.
그리고 언젠가는 그 꿈을 실현할 날이 올 것이다.
꿈이 없는 사람이야말로 세상에서 가장 가난한 사람이다.

Bring passion for your cause

당신의 이상과 목적을 위해
열정을 다하라

❝ 어렸을 때부터 나는 동물과 깊은 교감을 나눌 수 있는 능력을 가지고 있었다. 나는 나만의 열정을 키워나갔고 결국 동물을 위해 더 나은 세상을 만들 수 있는 전문적인 기회가 있다는 것을 발견했다. 나는 개인의 물질적 풍요로움이나 발전을 위해 이 기회를 잡은 것이 아니다. 단지 내가 열정적으로 임할 수 있는 일을 하고자 했을 뿐이다. 나는 나의 위치에 작은 능력을 적용시켰지만 가장 위대한 자산은 이상을 위해 열정을 쏟아 부은 것이다. 그랬기에 나는 내가 할 수 있는 최선을 다할 수 있었다.

나는 조직의 직원을 뽑을 때 일에 대한 그들의 열정을 가늠하려고 노력한다. 지원자가 임무에 대한 변치 않는 헌신을 가지고 있다면 그 사람은 다른 무엇보다 훨씬 많은 가치를 가지고 있는 것이다. ❞

– *Wayne Pacelle* 휴매인 소사이어티 대표 겸 CEO 웨인 파셀

남들처럼 부와 명예, 권력을 좇는 삶을 사는 것은 어리석은 일이다. 남이 아닌, 내가 진정으로 원하는 것이 무엇인지 생각해 보라. 그것을 키워나갈 때 열정과 최선을 다하는 삶을 살 수 있다.

Drink from the cup of life
한 잔의 삶을 마셔라

❝ 나의 커리어가 시작되는 시점에 나는 어머니로부터 뛰어남의 전형을 물려받는 행운을 누렸다. 어머니는 음악에 소질이 있는 것은 아니지만 음악적인 삶을 살려고 노력한 분이었다. 어머니는 자신이 가진 두려움 없는 독립심을 내게 불어넣어 주었다. 어머니는 중년이 될 때까지 해외여행을 해보지 못했음에도 국제법과 역사에 매우 박식했다. 어머니는 내가 15살이 되던 해 유럽을 여행하며 여름을 보낼 수 있는 기회를 만들어 주었다. 어머니는 항상 나를 북돋아주고, 최상의 기회와 최고의 선생님을 찾아주기 위해 애썼다.

어머니는 타고난 재능과 재능을 발달시키는 것은 별개의 문제라고 생각했다. 나는 어머니로부터 세상의 모든 사람들은 각자의 개성을 가지고 있다는 것을 배웠다. 하느님이 나에게 재능을 주셨으니 나는 그것을 발견하고 다듬고 발전시키고 존경하고 보호해야 한다고 배웠다. 어머니는 내게 "항상 준비된 사람이 되라. 그럼 준비를 할 필요가 없다"라는 말씀을 자주 해주곤 했다.

장차 예술가가 되려고 하는 젊은이들에게 말하고 싶다. 당신은 한 가족의 구성원이고, 이웃의 구성원이고, 사회의 구성원이며, 무엇보다도 세계의 시민이다. 그러므로 한 잔의 삶을 들이키는 것처럼 경험하고 배우고 성장하라. 이는 당신의 예술가적 기교의 숨과 깊이가 될 것이다. **99**

— ***Dianne Reeves*** *재즈 가수 다이앤 리브스*

 경험은 수많은 시행착오를 거듭한 끝에 얻을 수 있는 귀중한 자산이다. 경험이 수반되지 않은 지식은 깊이가 없다.

When have been given a choice as to what to believe about life

우리는 우리의 삶에서 무엇을 믿을 것인가에 대한
선택권을 가지고 있다

66 나는 내가 하는 모든 일이 최고로 잘 풀릴 것이라는 신념을 선택했다. 계획한 것이 항상 분명하지는 않을지라도 이것이 곧 최선의 결과라고 믿는 것이다. 이러한 기본 신념은 내가 삶을 바라보는 렌즈가 되었고, 나는 즐거움으로 가득한 사람이 되었다. 나의 눈은 반짝거리게 되었으며, 나의 심장은 안정감을 찾았다. 그러자 세상의 좋은 것들은 모두 나에게 찾아왔다. **99**

— ***David Michonski*** *콜드웰 뱅커 부동산중개업체 CEO 데이비드 미촌스키*

신념은 서서히 타오르지만 꺼지지 않는 불꽃과도 같다.
당신의 신념을 믿어라. 그리하면 성공의 길이 열릴 것이다.

Career

사 회 적 으 로 성 공 하 는 삶

Strategies

Never let a great opportunity
pass you by

좋은 기회는 절대로 놓치지 마라

66 1991년 11월, 시카고에서 일할 때의 일이다. 나는 미국 프로야구팀 시카고 컵스의 선수를 인터뷰할 기회를 가졌다. 나는 인터뷰를 위해 수없이 많은 전화를 걸었지만, 전화기는 언제나 통화 중이었다. 그때 내 안의 무언가가 속삭였다.

'난 이 기회를 절대 놓칠 수 없어.'

그래서 나는 그 선수의 전화에 긴급통화를 넣었다. 그렇게 나는 첫 번째 인터뷰를 마칠 수 있었다. 두 달 뒤 내가 근무하는 스포츠 부서의 감독이 대도시에 있는 큰 방송국의 프로그램으로 자리를 옮겼다. 감독은 내게 전화를 걸어 이렇게 말했다.

"나는 자네가 첫 번째 인터뷰를 해냈던 날을 기억하네. 그때의 자네는 내가 찾고 있는 인재의 모습이었네."

그는 나를 면접도 보지 않고 바로 채용했다. **99**

— ***Mike Greenberg*** *ESPN 앵커 마이크 그린버그*

아무리 기다려도 좋은 기회가 찾아오지 않는다면 스스로 만들어내는 것은 어떨까? 매사에 적극적인 사람에게는 훨씬 더 많은 기회가 생길 것이다.

Don't be intimidated

겁내지 마라

66 전통적인 지혜를 거부할 수 있는 용기를 가진 사람들은 훌륭한 아이디어를 생각해내곤 했다. 틀에 박힌 생각을 깨뜨리지 않으면 돌파구를 찾아내기 어렵다. 그러니 혁신을 두려워하지 마라. 새로운 접근방식을 두려워하지 마라.

우리는 25년도 안 되어 세계에서 가장 큰 금광산업 회사를 만들어냈다. 금광산업은 100년이 넘은 산업이고, 뉴욕증권거래소에는 수많은 금광산업 회사들이 이미 상장되어 있었다. 우리가 이 산업에 뛰어들었을 때 채광산업계와 금융계 사람들은 이 분야에는 더 이상 새로울 것이 없다고 생각했다. 그러나 우리는 재정 부문에 새로운 접근을 시도했고, 위험에 대한 노출을 최소화시켰다. 이는 금광산업에서 들어보지 못한 것이었지만 10년 안에 우리 회사는 모든 금광 관련 주식 중에서 최고로 성공한 회사가 되었다. 아무리 단조롭고 지루한 구식의 산업이라도 당신이 용기를 가지는 한 돌파구를 만들수 있다. **99**

— Peter Munk 배릭골드 CEO 피터 멍크

 재능이 있어도 행동할 용기가 없으면 성공에 이르지 못한다.

♣ *One Line of Today* ♣

Overdeliver,
overdeliver, overdilever!

더 해주어라!

66 내가 호텔 비즈니스 업계에 첫발을 내디뎠을 때의 이야기를 해주고 싶다. 1980년, 나는 자메이카의 망해가는 호텔 하나를 구입했다. 호텔은 공항에 인접해 있었다. 호텔은 비록 망해가고 있었지만 근처에는 자메이카에서 가장 아름다운 해변이 있었다. 나는 적당한 컨셉을 설정하고 관리만 잘 해준다면 굉장한 호텔이 될 수 있을 것이라고 생각했다. 이것이 바로 샌들즈 호텔의 시작이었다.

우리는 먼저 고객들이 원하는 것이 무엇인지 파악하고, 고객의 기대 그 이상을 만족시켜 주려고 노력했다. 당시 어떤 호텔도 시도하지 않았던 자쿠지를 방 안에 들여놓고, 하얀 장갑을 끼고 손님을 맞이했다. 또 샴페인을 환영의 선물로 준다든지 하는 작지만 럭셔리한 서비스를 시도했다. 나는 직감적으로 성공한 사업가들은 예상했던 것보다 더 좋은 서비스를 받는다면 마치 보너스를 받은 것처럼 기뻐할 것이라고 확신했다. 나의 삶과 일은 이렇게 사람들에게 보너스를 주는 방법을 찾는 간단한 접근방법에 기본을 두어왔다. **99**

— Gordon 'Butch' Stewart 비치스앤샌들스 리조트 고든 부치 스튜어트

 상대방을 만족시키는 방법은 간단하다. 상대방의 입장을 먼저 이해하라. 그리고 이왕이면 기대한 것 이상을 제공하라.

*Play the games that you like
the best, and play them often*

당신이 가장 좋아하는 놀이를 하라
그것도 자주 하라

66 게임은 도시계획에서부터 심리학, 군대, 자동차, 축구, 마법까지 거의 모든 주제를 담고 있다. 따라서 당신이 추구하는 어떤 열정에도 유용하게 작용한다. 당신이 가장 좋아하는 주제를 깊게 공부해라.

일렉트로닉아츠(게임 전문 개발업체)에는 물리학 박사, 건축가, 영문 전공자, 컴퓨터 공학 전문가, 디지털 아티스트, 그리고 작곡가 등 다양한 인재들이 일한다. 오늘날의 비디오게임 개발에는 어느 것이 최고라 할 수 없이 정말 다양한 능력들이 유용하게 사용된다. 당신은 아마도 게임 디자이너들이 가진 폭넓은 흥미와 능력에 놀랄 것이다.

만약 당신이 프로그래머라면 비디오나 애니메이션에 대해

배워라. 당신이 예술가이거나 모형장인이라면 C++이나 데이터베이스 디자인을 배워라. 또 당신이 음악가라면 웹 디자인이나 통계학을 배워라.

　게임산업은 매우 빠르게 성장했고 지금 이 순간에도 진화하고 있다. 우리가 만들고 있는 게임은 10년 전에 우리가 만든 게임과는 완전히 다르다. 아마 10년 후에 다시 오늘을 돌이켜보아도 마찬가지일 것이다. 당신은 상호적 엔터테인먼트의 다음 세대를 만들어나간다는 커다란 이점을 가지고 있다. 당신은 휴대폰, 인터넷, 문자 메시지, 소셜 네트워킹, 디지털 카메라를 사용하며 자랐기 때문이다. 이것들은 모든 것을 바꾸어놓을 것이다. **99**

　　　　　　　　　　　　*- **Bing Gordon*** 일렉트로닉아츠(EA) 공동 설립자 빙 고든

세상이 변하는 것처럼 좋아하는 일도 나이를 먹으면서 변할 수 있다. 가능한 다양한 분야에 흥미를 갖고 많은 것을 배워라.

♣ *One Line of Today* ♣

What makes things work out is
when people are exciteed
enough to make them happen

일이 해결되도록 만드는 것은
사람들이 그만큼 신이 났기 때문이다

❝ 내가 지금 하고 있는 일에 뛰어들었을 때 의약품과 생명과학의 윤리적 문제에 대한 연구 영역은 존재하지 않았다. 아무도 도덕과 의학에 대한 연구를 결합하려는 노력을 하지 않았다. 오히려 나의 대학 지도교수는 철학과 의학의 이질적인 두 영역을 섞으려는 나의 노력을 경계했다. 그러나 콜롬비아 의학학교의 늙고 현명한 의사 선생님은 이렇게 말했다.

"나는 자네가 하려고 하는 것을 정확하게 알지는 못하네. 그러나 자네가 이 일에 열정적이고 즐거워한다는 것을 알고 있네. 그러니 잘 해보게."

나는 그의 말을 따랐고, 그는 옳았다. 그의 조언은 정확하게 맞아떨어졌다. 만일 어떤 아이디어가 당신을 정말로 사로잡고 즐겁게 한다면 그 아이디어를 밀고 나가라. ❞

― ***Arthur Caplan*** 생명윤리학 교수 아서 카플란

 단순히 취미로 좋아하는 일과 그것이 아니면 안 될 정도로 빠져드는 일에는 구분이 필요하다.

Pick the big,
tough problems

크고 힘든 문제를 골라라

❝ 1987년 인도로 이사한 것은 별로 쿨한 일이 아니었다. 다행히 개성이 강한 나의 부모님은 그런 것에 신경 쓰지 않았고, 그러한 결정이 나에게는 오히려 행운으로 작용했다. 사실 쿨한 것은 오래가지 않는다.

나는 부모님에게서 어떻게 상황을 읽어야 하는지, 어떻게 크고 힘든 문제를 골라야 하는지 배웠다. 이는 나를 엔지니어링과 의학을 배우도록 만든 원동력이다. 내가 시골 의료활동에 전문적으로 뛰어들게 된 동기는 숫자에 있다. 미국 사람들의 평균 기대수명은 잠비아 사람들의 평균 수명의 두 배이다. 우리는 잠비아인에 비교하면 두 번의 삶을 살고 있는 것이다. 그러므로 둘 중 하나의 삶은 중요하고 흥미로운 문제에 임하는 데 사용할 의무가 있다. ❞

― *Vikram Sheel Kumar* 디마지 CEO 비크람 쉴 쿠마

이왕이면 남들이 하지 않으려 드는 어려운 일에 뛰어들어 보라.
그들이 얻을 수 없는 것을 얻게 될 것이다.

*Don't set any limits on
what you can accomplish*

이룰 수 있는 것에
어떤 한계도 두지 마라

66 나는 로스엔젤레스의 와츠(Watts) 부근에서 자랐다. 그곳은 온갖 장애물과 어려움이 가득한 곳이다. 그러나 당신이 가진 잠재력에 스스로 한계를 두지 않고 응원해 주는 사람이 주변에 있다면 무엇이든 가능하다. 당신의 가능성이 0%를 넘는다면 당신은 기회를 가진 것이다.

나의 부모는 더 나은 삶에 대해 고민한 결과 1960년 미시시피에서 로스엔젤레스로 이주했다. 그것은 나의 부모가 아프리카계 미국인이기 때문에 단행한 결정이었다. 부모님은 미시시피에서 허락된 삶보다 더 많은 것을 로스엔젤레스에서 할 수 있을 것이라고 믿었다. 그래서 가족을 뒤로하고 다른 도시로 떠난 것이다. 결국 나의 부모는 상상할 수조차 없었던 것들을 이뤄낼 수 있었다. **99**

— *Clarence Otis* 다든 레스토랑 회장 겸 *CEO* 클래런스 오티스

 세상에 이룰 수 없는 것은 없다. 믿음과 의지를 갖고 나아가는 사람에게는 그렇다.

*Don't be afraid to
ask for what you want*

원하는 것을
요구하기를 두려워하지 마라

❝ 사업을 시작한 이후 나는 줄곧 목적과 열정을 가지고 모든 기회를 좇아갔다. 그동안 내가 가졌던 직업들은 내가 구했기에 얻을 수 있었다. 당신은 아주 열심히 일해야 하지만 먼저 당신의 비전이나 목표를 분명히 해야 한다. 당신이 할 것으로 기대되는 일이나 당신이 해야 할 일이라고 생각된다고 해서 아무것이나 좇아가지 마라. 당신의 심장이 전적으로 옳다고 느끼는 일, 오직 그것이 당신이 따라가야 할 길이다. 이는 마치 당신이 옷을 고를 때 보는 거울과 같다. 당신이 옷을 골라 몸에 대보고 잘 어울린다고 생각하면 그 순간 옷을 사게 된다. 만약 당신이 다른 옷들을 좀 더 걸쳐보고 싶다면 그것은 당신에게 맞지 않는 옷인 것이다. ❞

— *Ricky Strauss* 파티서펀트 프로덕션 대표 릭키 스트라우스

 자신이 진정으로 원하는 바를 아는 것이
시행착오를 줄이는 길이다.

Luck equals preparation plus opportunity

행운은 준비와 기회가 합쳐진 결과물이다

❝ 나는 지금까지 행운을 거머쥔 경우가 많은 편이다. 행운은 크고 작은 형태로 우리를 찾아온다. 어떤 때는 길에서 500원을 줍는 것 같은 작은 행운이 오고, 어떤 때는 취업과 같은 큰 행운을 얻기도 한다.

그해 2월 중순, 마이크로소프트사에 면접을 보러 가는 길이었다. 나는 로스엔젤레스에서 시애틀로 가야 했는데, 절반 정도 왔을 무렵 시애틀과 포틀랜드 공항 모두가 통제되어 어느 곳으로도 갈 수 없게 되었다. 어쩔 수 없이 오클랜드에서 하룻밤을 보내야 했다. 나는 면접에 제때 가지 못하게 되었기 때문에 3월 말로 다시 면접일정을 조정할 수밖에 없었다.

그리고 2월과 3월 사이에 나는 10군데 정도 다른 회사의 면접을 보았다. 이 면접들로 인해 내 자신이 얼마나 준비가 되지 않았는지 깨달을 수 있었다. 면접의 과정을 파악한 덕분에 나는 그들이 내게서 원하는 것보다 더 많은 것을 보여줄 수 있었다. 3월, 다시 시애틀로 돌아왔을 때 나는 면접을 볼 준비가 잘 되어 있었다. 만약 내가 중간에 면접을 연습해 볼 기회가 없었다면, 나는 마이크로소프트사에 취직할 수 없었을 것이다. **99**

— ***Lisa Brummel*** *마이크로소프트 수석 부사장 리사 브루멜*

 미리 준비해 두지 않는다면 기회가 왔을 때 잡을 수 없다.

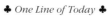

Get organized

정리를 잘 하는 사람이 되라

66 나는 12살 때 두 명의 친구들과 함께 처음 사업을 시작했다. 친구 중 한 명의 아버지가 트럭을 가지고 계셨고, 다른 친구의 집에는 비어 있는 창고가 있었다. 그래서 우리는 크리스마스 트리를 팔기로 결심했다. 나의 정리 능력은 이때부터 개발되었다. 나는 우리에게 돈이 얼마나 있는지, 나무는 몇 그루나 살 수 있는지 계산했다. 우리는 96달러어치의 크리스마스트리를 구입해서 250달러에 팔았다.

나는 자라면서 로즈데일과 퀸즈의 눈을 치우곤 했는데, 누가 집 앞 도로의 눈을 치워놓는 것을 좋아하는지를 계속 기록해 두었다. 그들이 가장 후한 팁을 주는 사람들이었다. 그래서 눈이 왔을 때 나는 언제나 나의 베스트 고객들의 눈을 대신 치워주었다.

이런 원칙은 어른의 세계에서도 똑같이 적용된다. 어느 사무실에든 들어가 임원의 책상을 살펴보라. 성공한 사람들은 항상 깨끗한 책상을 유지한다. 그들은 결코 책상을 어지럽히는 법 없이 모든 물건을 제 위치에 정리해 놓는다. **99**

– **Wally Ganzi Jr.** 디 팜(The Palm) 레스토랑 회장, CEO 윌리 간지 주니어

당신이 가장 많이 생활하는 곳의 주변 정리는
당신의 집중력을 높인다.

Carry the work ethic of the farmer
농부의 협업을 배워라

❝ 나는 6살 때까지 남부 일리노이의 농장에서 살았다. 우리는 소, 말, 닭, 돼지들을 길렀고, 옥수수, 보리, 콩을 재배했다. 나는 10~12명의 농부들이 가을에 서로 추수를 도와주던 것을 기억한다. 2~3일 동안 그 지역의 모든 사람들이 우리 농장의 추수를 도와주고, 우리 집에서 식사를 했다. 어린 나는 그들과 할아버지가 일하는 동안 내내 함께 붙어 다니는 것을 보았다. 그들은 일을 마무리 짓기 위해 팀으로 일한다. 나는 그때 배운 노동 윤리(Work Ethic)를 지금까지 간직하고 있다. 삶은 협동과 팀워크로 이루어진다. ❞

— *Jim* 콜드웰 뱅커 CEO 짐 길레스피

 다른 이들이 당신을 도와주고, 당신도 그들을 돕는다.
이것이 사람이 성공하게 되는 방법이다.

Ask yourself, 'What would Oprah do?'
오프라라면 어떻게 했을까?

" 오늘의 오프라 윈프리를 만든 것은 그녀가 가진 신뢰성이다. 오프라 윈프리는 나의 비즈니스 모델이다. 나는 중요한 결정을 내려야 할 때마다 스스로에게 묻는다.

'오프라라면 어떻게 했을까?'

한 인터뷰에서 오프라는 자신이 소유한 회사의 지분을 최대한 많이 소유하라고 조언했다. 당연한 말이지만 정말 천재적인 발상이지 않은가? 우리는 종종 단순한 사실을 간과해 어려움을 겪는다. 매니저와 에이전트는 당신보다 적은 지분을 소유하는 것이 좋다. 그래야 당신이 생각하는 것보다 더 많은 영향력을 발휘할 수 있게 된다. **"**

— **Ashley Borden** 연예인 트레이너 애슐리 보든

마음속에 롤모델이 있다면 인생을 살아가는 데
여러모로 도움이 된다. 판단하기 힘든 문제에 직면하거나
결정을 내려야 할 때에도 그렇다.

Always surround yourself with the best people, because you can't do it by yourself

주변에 항상 최고의 사람을 두어라

" 주변에 준비되지 않은 사람이 있다면, 또 그들을 너무 오래 곁에 둔다면 당신은 약해 보일 것이고, 결코 업무를 끝낼 수 없을 것이다. 이것은 그들이 당신을 해치는 것일 뿐 아니라, 당신 또한 그들을 해치는 것이다.

깨우침과 행동은 빠를수록 좋다. 하루라도 빨리 그들을 정리하고 대신 슈퍼스타를 고용하려 노력해라. 왜냐하면 그게 훨씬 더 나아 보이기 때문이다. 그들이 있어 회사는 당신 없이도 잘 굴러 나가게 될 것이다.

부동산업 이외의 방면에서 일한 경험이 있는 홍보담당 임원을 고용한 적이 있었다. 이 사람은 부동산업에 관련된 경험은 전무했지만, 굉장히 혁신적인 마인드를 가지고 있어 팀을 구성하고 리스크를 받아들이는 데 거리낌이 없었다. 그는 순식간에 회사의 스타가 되었다. 그는 회사를 전면적으로 재구성하여 우리가 감히 넘볼 수 없었던 레벨로 끌어올려 놓았다. 훌륭한 리더들은 훌륭한 회사를 일구어낸다. 당신은 다른 사람들에게 권한을 줌으로써 성공을 이끌어낼 수 있다. **"**

― *Pamela Liebman* 코코란 그룹 CEO 파멜라 리브맨

 '큰물에서 놀아라'는 말이 있다. 최고의 인재들과 함께해야 당신도 그만큼 더 성장할 수 있다.

Be an Army of One

신의 군대가 되라

66 이는 개개인 모두가 가치 있는 존재이며, 잠재적으로 어떤 순간에는 중요한 사람이 될 수 있다는 것을 뜻한다. 이를 명심하고 당신의 잠재력을 열어 자신을 발전시킬 수 있는 모든 것을 시도해 보아야 한다. 연습이 끝나고 경기장에 들어서는 순간을 위해 스스로를 준비시켜라.

나는 루즈벨트 대통령의 명언을 기억한다.

"권위가 있는 사람은 추락하기 마련이라고 말하는 사람이나 잘하고 있다고 훈수를 두는 사람들은 중요치 않다. 거듭되는 실수와 실패에도 굴하지 않고 먼지로 뒤범벅이 된 채 현장에서 땀을 흘리며 애쓰는 사람들에게 공을 돌려야 한다. 최악의 경우 실패하더라도 실패와 패배 중 어느 것도 알지 못하는 냉혹하고 소심한 자에 비할 바가 아니다."

이 구절을 마음에 담고 당신이 들어가기 원하는 경기장에 대해 생각하라. 최대한의 능력을 발휘하여 싸우고, 당신의 모든 가능성을 깨달아 개성과 지성, 그리고 동기로 무장한 신의 군인이 되라. **99**

— *David Petraeus* CIA 국장 데이비드 퍼트레이어스 장군

우리 모두는 각자의 잠재력과 개성을 가지고 태어났다.
그것을 개발하느냐 썩히느냐는 각자의 몫이다.

Compete passionately, relentlessly, and professionally!

열정적으로, 사정없이, 프로페셔널하게 싸워라!

❝ 이 구절은 사람들이 이곳에 와서 배우는 것이 아니라 그들이 왜 처음 이곳에 왔는가에 대한 질문이다. 이는 인디언스가 가지고 있는 강점이기도 하다. 나는 사람들이 직장에 입사할 때 비즈니스에 너무 집착하는 경향이 있는 반면, 그 회사의 리더와 문화에 대해서는 충분히 고려하지 않는다는 것을 발견했다. 그러나 정작 당신 자신에게 물어야 할 가장 중요한 질문은 바로 그것이다.

회사의 문화와 사규가 당신에게 맞는가?
회사의 리더들은 당신이 믿음을 가질 수 있는 사람들인가?

이 질문의 답을 얻기 위해 당신은 맹렬한 기세로 면접관에게 질문을 던져야 한다. 당신에게 가장 중요한 가치는 무엇인지, 당신이 절대 타협할 수 없는 것은 무엇인지 정립하고, 이것들을 당신의 커리어에 적용하라. 그것이 당신을 만족할 만한 성취로 이끌어줄 것이다. 우리 팀의 비전은 항상 매니저 사무실의 벽에 걸려 있지만, 우리는 이 비전을 매일 쳐다볼 필요가 없다. 이미 우리가 행하는 모든 일의 바탕이 되었기 때문이다. **99**

— *Mark Shapiro* 미 프로야구 클리블랜드 인디언스 단장 마크 샤피로

남의 기준에 따라 일하고 행동하는 사람이 되지 마라.
신념이 있는 사람은 주도적으로, 열정적으로 일한다.

Leave a legacy

사회에 긍정적 유산을 남겨라

66 인생의 과정에 있어 당신은 일을 하며 다른 사람들과 수많은 시간을 함께하게 될 것이다. 40년 동안 직장생활을 한다고 가정해 보자. 1년에 2000시간을 일한다면 여기에 40년을 곱하므로 일생 동안 약 8만 시간을 일하는 데 사용하는 셈이다.

매 시간 시간은 우리가 사회에 긍정적으로 기여할 수 있는 기회이다. 이것이 모두들 해야 하는 계산인 것이다. 당신이 하는 좋은 일들은 기억될 것이고, 나쁜 일들은 잊힐 것이다. 기억될 선행이 당신의 유산이 된다. 이는 진화론과 같다. 즉, 부정적인 변화가 사라지지 않으면 조직은 살아갈 수 없기 때문에 부정적인 변화는 잊히게 되는 것이다. 그러므로 당신의 유산은 당신이 얼마나 긍정적인 길을 걸어왔느냐에 따라 기하급수적으로 늘어나게 된다. 이러한 생각은 지나친 낙관주의로 보일 수도 있지만 진실이다. 99

－ *Paul Danos* 다트머스 대학교 비즈니스 스쿨 학장 폴 다노스

 잘못을 하지 않는 사람은 없다. 잘못을 저지르지 않으려고 애쓰기보다는 좋은 일, 긍정적인 일을 하려고 노력하라.

♣ *One Line of Today* ♣

Don't play it all so safe

안전한 선택만 하지 마라

66 만일 내가 한 아이를 의사나 변호사가 되지 않도록 할 수 있다면 내 삶은 성공했다 말할 것이다. 요즘 사람들은 돈을 많이 버는 쪽으로 너무나 쉽게 인생의 진로를 바꾸곤 한다. 그들은 언제나 가능한 안전한 길을 택한다.

나는 창조적인 분야의 전도사이다. 컴퓨터는 언젠가 거의 모든 것을 가능하게 만들어줄 것이다. 하지만 컴퓨터는 노래를 써줄 수 없고 농담거리를 만들어줄 수도 없다. 컴퓨터는 사람이 아니기 때문이다. 반면에 창의성을 필요로 하는 분야에서는 완전히 새로운 것들을 창조해낸다.

'깨어 있는 동안 꿈꾸어라.'

이것이 바로 인류의 진실한 사업인 것이다. 그러므로 당신이 창의적이고 가슴 속에 불꽃을 가지고 있다면 꿈을 향해 주저 없이 나아가라. 사무실은 항상 그곳에 있을 테지만 당신이 창조적인 삶을 살 기회는 쉽게 오지 않는다. **99**

– Bob Mankoff 더 뉴요커 카툰 에디터 밥 맨코프

 세상은 빠른 속도로 변화한다. 어제 각광받던 직업이 오늘은 찬밥신세가 될 수 있다. 새롭고 창조적인 일에 도전하라.

Forget about jobs for life
평생 직업이란 없다

66 나의 세대는 학교만 나오면 직장에 취직하고, 여생을 걱정 없이 사는 데 어려움이 없었다. 하지만 이것은 무려 40년 전의 상황이다. 지금의 세대는 그런 희망이 없다. 오늘날의 직업 환경은 극도의 융통성과 이동성, 또 그러한 기술을 필요로 한다. 그것은 요즘의 직업과 기업들이 옛날보다 훨씬 빠른 속도로 돌아가기 때문이다. 북미는 더 이상 제조업이나 농산물 재배, 혹은 이와 비슷한 분야에 주력하지 않는다. 이런 종류의 직업은 줄어드는 추세이다. 당신은 오늘날 써먹을 수 있는 좀 더 전문적인 기술을 배워야 한다. 그렇지 많으면 힘든 삶을 살게 될 수밖에 없다. **99**

– **Simon Cooper** 리츠칼튼 호텔 컴퍼니 대표 사이먼 쿠퍼

변화의 흐름을 예측하고 미리 준비하고자 한다면 오로지 자신을 연마해야 한다.

Insight

통 찰 이   있 는   삶

♣ *One Line of Today* ♣

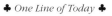

Your life is your own

당신의 인생은 누구도 아닌 당신의 것이다

❝ 인생은 그다지 길지 않다. 아마도 75년쯤 될 것이다. 당신의 영역을 탐험하라. 위험을 감수하고 스스로에게 도전하여 성과를 거두어라. 당신이 삶에서 가장 사랑하는 게 무엇인지 결정하려면 정말 열심히 시도해야 한다.

당신에게 열정을 불러일으키는 것이 무엇인지 알아냈다면 그것을 중심축으로 삼아 경험을 쌓아나가라. 그렇게 하는 것이 커다란 리스크를 가져올 것처럼 보일지라도 과감히 실행하라. 그러면 어떤 일이 일어나든 당신은 원하는 삶을 살게 될 것이다. 대안만 실행한다면 당신의 삶은 더욱 나빠질 뿐이다.

몇 년 전 나는 내가 생각하는 성공과 행복에 기반을 둔 삶을 살고 있지 않다는 것을 깨달았다. 나는 남들이 흔히 말하는 '성공한 삶'을 살고 있었지만, 내가 원하는 일이 무엇인지에 대해 진지하게 생각해 본 적이 없었다. 결국 나는 내가 원하는 것은 사업가라는 것을 깨달았다. 정말로 '내'가 원하는 것을 적용시켰을 때 내 인생은 좀 더 긍정적으로 바뀌었다. ❞

― **_Peter Thum_** 에토스 워터 설립자이자 스타벅스 부사장 피터 텀

 흰 도화지에 산을 그려보라. 초록색으로 색칠한 산의 그림이 평이하여 조금 튀는 빨간색으로 그렸다고 누가 뭐라 할 것인가? 당신이 그린 당당한 산의 모습인 것을.

It's very easy to get caught and become jealous of the people around you who are striving for the same things in life

당신과 같은 목표를 이루기 위해
고군분투하는 사람들을 질투하게 되기는 굉장히 쉽다

“ 당신과 같은 목표를 가진 사람의 성공이 당신의 성공을 방해하지는 않는다는 사실을 기억하라. 성공, 명예, 부는 절대로 품절되지 않는다. 그러니 다른 사람들이 무엇을 하는지에 대한 걱정은 집어치우고 당신이 도달하고자 하는 곳에 이르는 데 에너지를 집중하라.

둘째, 당신이 인생에서 어떤 위치로 올라가고 싶은지는 명확하게 알고 있으되, 그 위치로 가는 길을 정해놓지는 마라. 목표를 너무 자세하게 계획하면 미리 정해놓은 기간 내에 목표를 이루지 못할 때, 스스로를 실패자라고 자책하게 된다. 당신이 이렇게 세세한 방법을 세워놓고 계획에 집착하게 되면 당신에게 찾아오는 다른 기회들(결국에는 당신이 이루고자 하는 목표로 당신을 이끌어줄)을 차단해 버리게 된다.

셋째, 싫어하는 사람들과 같이 일을 하기에는 인생이 너무 짧다. ”

– Paul Scheer 코미디언 폴 셰어

질투의 감정을 다루기 위해서는 나보다 나은 사람이 있다는 것과
내가 다른 사람에게 질투를 느낄 수 있다는 것을
먼저 인정해야 한다.

Really important things happen very slowly

정말 중요한 일은 아주 천천히 일어난다

  66 인간의 뇌는 몇 초, 몇 분, 며칠 정도의 짧은 앞날을 예견할 수 있는 능력을 가지고 있지만 먼 미래로 들어가는 것은 훨씬 더 어렵다. 안타깝게도 느리게 벌어지는 사건들이 보통은 살아 남는 데 가장 중요한 것들이다. 폐암은 담배 한 개비가 아닌 수십 년간의 흡연으로 인해 발병한다. 폐암으로 인한 고통스러운 죽음은 먼 미래의 일이므로 당장 우리의 뇌는 죽음의 징조를 무시하는 경향이 있다. 시간을 들여 천천히 일어나는 것들에 대해 생각해 보자. 지구 온난화, 인구 과잉, 멸종 위기 등 이런 것들은 우리의 생존에 훗날 커다란 영향을 미칠 것이다. **99**

  – *Patricia Smith Chuchland* 철학자 패트리샤 스미스 처치랜드

 우리는 종종 당장의 쾌락에 눈이 멀어 정말로 걱정해야 할 부작용의 가능성을 간과한다.

Go 360 degrees around every issue, every opportunity, every problem

모든 사안과 모든 기회, 모든 문제를 360도 돌려가며 보라

66 한번은 브룩클린 다리 아래에 화려한 텐트들을 쳐놓고 900명의 손님을 위해 격식 있는 저녁식사를 마련한 적이 있었다. 그런데 사람들이 칵테일을 마시고 있을 때 허리케인이 불어와 디너 텐트를 날려버렸다. 유리잔은 온 사방에 떨어져 산산이 부서졌고 전기도 나가버렸다. 손님들은 내게 달려와 말했다. "이제 어떻게 하나요?" 나는 말했다. "제게 5분만 주십시오." 우리는 전기가 다시 들어오도록 손을 보고 칵테일 텐트 안으로 테이블을 옮겨와 다시 세팅을 시작했다. 문제를 직면하고 모든 가능성을 둘러보자. 우리가 못할 것은 없었다. 결국 저녁식사는 별빛 아래에서 훌륭하게 마칠 수 있었다. **99**

— ***Liz Neumark*** 그레이트 퍼포먼스 설립자 리즈 뉴마크

 사람은 걸음마를 떼고 주변을 돌아다니기 시작할 때 사물을 보는 관점이 달라진다. 이는 인생의 어떤 상황에서도 똑같이 적용된다.

♣ *One Line of Today* ♣

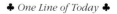

Too much in life is too easy

인생에서 넘치도록 하는 것은 너무 쉽다

&& 우리는 어떤 것에든 대가를 지불하지 않아도 되었기 때문에 제멋대로의 쾌락주의자가 되어버렸다. 아이들은 문제가 생기면 스스로 헤쳐나가기보다 문제에서 탈출하기 위해 부모에게 전화를 건다. 그러나 보살핌을 받는 것만이 인생의 전부는 아니다.

내가 처음 맥도널드에서 그릴맨으로 일했을 때는 시간당 겨우 85센트를 받으며 버거를 뒤집었다. 하지만 결국 나는 맥도널드 미국 본부의 CEO이자 대표로 큰 성공을 거두게 되었는데, 그 이유는 내가 회사에 충성을 다했기 때문이다. 나는 8시간을 일하면 남들이 10시간을 일했을 때와 같은 이윤을 회사에 내주었다. 많은 사람들은 그것을 이해하기 어려워한다. 요즘 사람들은 '당신이 날 위해서 해줄 수 있는 것이 뭐죠?' 라는 생각을 하며 살아가기 때문이다. 그러나 이 세상은 충성과 헌신에 대한 대가를 반드시 주는 법이다. 당신이 충성을 다하는 상대는 당신에게도 역시 충성을 다한다. **&&**

– Ed Rensi

전 맥도널드 미국 지부의 대표 겸 CEO, 팀 렌시 모터스포츠 대표 에드 렌시

생각의 관점을 바꾸면 어렵게 느껴지는 일도 넉넉하게 할 수 있다. 어떤 일이 하기 어려운 것은 생각이 그것을 규정하기 때문이다.

Learn to manage paradox

패러독스를 다루는 법을 배워라

❝ 미국의 흑인 여성으로서 커리어를 쌓아나가기 위해서는 항상 모순적인 면들을 다룰 수 있어야 한다. 오늘날 흑인들은 여러 세계에 발을 담그고 있지만, 깔끔하게 정돈되지 않은 측면이 있다. 흑인으로서 나는 두 가지 상반된 입장을 조정해야 한다. 한편으로는 비즈니스 리더로서, 또 다른 한편으로는 흑인 비즈니스 리더로서 두 가지 입장을 모두 고려해야 하는 것이다.

이 모순된 상황은 불리한 조건이 될 수도 있지만, 장점으로 승화시킬 수도 있다. 나는 내가 흑인이라는 사실을 인정하고 우리의 문화를 자랑스럽게 생각한다. 이런 마음은 나의 가장 소중한 자산 중 하나이다.

인정하는 것, 그것은 가끔 양날의 검이 된다. 나는 종종 스스로를 증명하기 위해 사무실 안을 돌아다니곤 했다. 사람들은 나를 좋지 않게 보거나, 나에 대한 기대치를 낮추었을지도 모른다. 그러나 나는 매일 사람들에게 다가가 스스로를 증명했기 때문에 내가 가진 가치를 잘 알 수 있었다. 그 깨달음을 위해 정말 처절하게, 정말 오랫동안 싸워왔고, 결국 얻어낼 수 있었다. 피부색 때문에 우리는 입을 열기도 전에 평가받곤 한다. 좋은 소식은 남에게 평가를 당하면 당할수록 더욱 강해진다는 것이다. **99**

— **Renetta McCann** *스타컴 미디어베스트 CEO 르네타 매칸*

편견은 모순으로 가득 찬 현실을 아무런 문제가 없는 것으로 인식하게 만든다. 편견은 갈등을 부추기지만, 그것을 잘 다듬으면 나를 표현하는 자산이 될 수도 있다.

Listen to your gut

직감에 귀 기울여라

66 이제 와서 지난 몇 년을 돌아보면, 나의 직감이 목표를 이루는 데 결정적인 도움이 되었다는 것을 깨닫게 된다. 비록 그때는 알지 못했지만 말이다. 나는 인생에서 가장 중요한 순간마다 보수적이고 안전한 길을 외면하고, 남들이 가지 않은 길을 선택했다. 이러한 결정은 종종 부모님과 주변 사람들을 경악하게 만들었다. 그러나 나는 내 안의 나에게 호소했고, 결국 이 선택으로 나는 더욱 행복한 사람이 되었다.

나는 내 안의 평화와 만족이 안정적인 직업과 가정생활을 일구어낼 수 있는 기반이 된다고 생각한다. 당신을 가장 잘 안다고 자부하는 가족이나 친구들의 비평에도 굴하지 않고, 스스로의 직감을 조언으로 받아들일 수 있다면 장기적인 목표를 이루어내는 것이 훨씬 더 쉬워질 것이다. **99**

– **Charlie Apt** 차오 벨라 젤라또 대표 찰리 앱트

 당신의 가슴과 직관에 충실하라.

Pay yourself first!

먼저 은퇴 자금부터 모아라!

66 당신이 월급을 받고 난 후 가장 먼저 해야 할 것은 월급의 25%를 은퇴 계좌로 집어넣는 것이다. 이렇게 하면 당신은 은퇴하기 전까지 10년 된 도요타를 운전하고, 비행기의 이코노미석에 앉고, 스스로 집안 청소를 하고, 중저가 매장에서 옷을 사 입어야 할지 모른다. 그러나 당신이 50대가 되었을 때, 차곡차곡 모아둔 은퇴자금을 보며 스스로를 껴안아줄 날이 올 것이다. **99**

— ***William Bernstein***
《투자의 네 기둥(The Four Pillars of Investing)》 저자 윌리엄 번스타인

 현명한 사람은 결혼자금, 내집 마련, 자녀교육, 은퇴 등 당면한 경제적인 문제를 체계적으로 준비한다. 중요한 것은 얼마나 버느냐보다 얼마나 미래를 위해 저축하느냐이다.

Shut up and listen!

경청하라!

66 더 많은 언어를 배우수록 더 많이 감사하게 될 것이다. 또 좋은 경청자(Listener)가 되려고 노력하게 될 것이다. 이는 대화나 협상뿐 아니라, 심포니나 오케스트라 같은 음악을 들을 때에도 마찬가지다. 수백 번 정도 감상했던 음악이라도 어느 순간 작은 플루트 소리가 유난히 크게 다가올 때가 있다. 이때 당신은 이 작은 플루트야말로 심포니를 더욱 심포니답게 만든다는 것을 깨닫게 될 것이다. 스스로를 경청하도록 만들어야 한다. 스펀지가 되어 빨아들여라. 그것이 메시지를 얻는 가장 좋은 방법이다. **99**

— **Pavel Brun** 크리에이티브 디렉터 파벨 브런

 많이 들을수록 지혜가 생기고, 많이 말할수록 후회할 일이 생긴다.

Understand the role your mind plays in your quest for life

마음이 할 수 있는 일을 이해하라

❝ 초등학교부터 대학교까지 받은 교육을 아무리 곱씹어 봐도 당신은 당신의 삶을 결정짓는 가장 중요한 것을 배우지 못했을 것이다. 우리는 올바른 '마음 사용법'을 배워야 한다. 마음은 세상에서 가장 정교하고 세련된 컴퓨터지만, 그 누구도 이 컴퓨터의 매뉴얼을 갖고 있지 않다.

마음은 목표를 설정해 주어야 제대로 작동한다. 당신은 마음에게 당신이 원하는 것을 말해야 한다. 그럼 마음은 당신이 원하는 것에 이를 수 있는 길을 찾아낼 것이다. 당신이 원하는 것을 명확히 정의하지 않으면 마음은 아무것도 할 수 없다. 당신의 작동 시스템은 바로 자신에 대한 믿음이므로 스스로에게 확신을 가지면 세상은 당신이 목표를 이룰 수 있도록 허락할 것이다.

당신의 마음에 방해물이 들어오지 않도록 보호하는 것 역시 중요하다. 당신이 항상 올바른 방향으로 가도록 도와주는 사람들과 어울려라. 이것은 매우 중요하다. 당신이 친구로 선택하는 사람들은 당신의 생각을 결정할 것이므로 부정적인 환경과 부정적인 생각을 가진 사람들을 멀리해야 한다. 주변 환경과 사람들이 당신의 성취를 결정하게 될 것이다. **99**

— ***Ken Thuerbach*** 알파인 로그 홈즈 설립자 켄 투어바흐

 마음이 가는 대로 행동하기 위해선 마음이 하는 말에
귀를 기울이고, 그것이 무엇인지 구체적으로 그릴 수 있어야 한다.

Halt if you're hungry,
angry, lonely or tired

당신이 굶주리고,
화나고, 외롭거나 지쳤다면 잠시 쉬어가라

❝ 10대 시절의 어느 날, 나는 성미가 고약해져 있다는 것을 문득 깨달았다. 어머니는 "얘야, 지금 네가 피곤하고 지쳐 있기 때문에 짜증을 내는 거란다"라고 조용히 타일렀다. 물론 그때 어머니의 말씀은 나를 더욱 짜증나게 만들었다.

20년이 지난 지금 엄마로서, 저널리스트로서, 작가로서, 그리고 무슬림 세계에서 여성의 권리를 위해 운동하는 사람으로서 나는 내 안의 균형을 찾는 방법과 글을 쓰는 법, 엄마가 되는 법, 그리고 평안한 상태에서 행동하는 법을 찾으려고 노력한다. 현명한 친구인 에드 제이콥스는 알코올 중독자 갱생 모임에서 배운 삶의 철학을 알려주었다. 그것은 바로 '멈춤'이다. 당신이 굶주리고, 화나고, 외롭거나 치쳤다면 멈추어라. 멈추어 서서 스스로를 다독이고 다시 삶을 살아나가는 것이다. 일종의 온도계를 사용하라는 이 지혜로운 조언은 일찍이 어머니가 내게 했던 충고와 많이 닮았다. '멈춤'이야말로 사랑, 일, 심지어 육아에도 적용시킬 수 있는 소중한 원칙이다. ❞

– **Asra Nomani** 작가 아스라 노마니

잠을 자지 않고 일할 수 없듯 모든 일에는 균형이 필요하다. 열심히 일하는 것도 좋지만 과부하가 걸리기 전에 충전의 시간을 갖는 것이 좋다. 정신적, 육체적으로 적당한 휴식은 시간 낭비가 아니다.

Companies won't visit you in the hospital

회사는 당신이 아플 때 병문안을 오지 않는다

❝ 20여 년 전 나는 병원의 요양병동에서 자원봉사를 하면서 대지진의 생존자를 만날 기회가 있었다. 지진이 일어났을 당시 잭은 샌프란시스코에 살고 있는 진취적인 10살 소년이었다. 7.8도의 강진은 샌프란시스코의 전신선을 모두 불통으로 만들어버렸다. 본부가 도시에 밀집해 있던 서해안철도회사는 대기업이었지만 지진으로 운영조차 힘들어졌다.

지진이 일어난 날로부터 며칠 뒤, 잭은 역에서 보내는 메시지를 남태평양철도(Southern Pacific Railroad) 본사로 전달하는 직업을 얻게 되었다. 그는 그 회사가 자신을 고용했다는 사실에 큰 감명을 받았고, 그렇게 번 돈으로 학교를 다닐 수 있었다. 잭은 수십 년에 걸쳐 회사가 합병과 확장을 거듭하며 발전해 나가는 동안 한결같이 회사에 헌신하는 삶을 살았다. 그리고 마침내 77세에 은퇴했다. 잭은 76년 동안 한 회사만을 위해 일한 것이다!

생긴 지 얼마 안 된 산업에 뛰어들어 몇 년밖에 되지 않은 신생 기업에 몸담고 있는 이들에게 잭의 이야기는 상당히 인상적이다. 그러나 이러한 감동적인 역사에도 불구하고 잭은 자신의 삶을 모두 회사에 헌신하는 것에 대해 경고했다.

"어쨌거나 결국에는…… 회사의 그 누구도 병원에 있는 나를 보러 오지 않았다네."

건물은 무너질 수 있고, 회사는 합병되거나 사라질 수 있다. 그러나 회사는 단순히 기관이나 단체이기보다 궁극적으로 우리가 사람들과 연결될 수 있는 접점이다. 사람이야말로 우리의 삶을 증명하는 가장 오래 남는 것이다. 🢂🢂

— ***Ben Golub*** 플락소 대표 겸 CEO 벤 고럽

 계약 관계에만 충실하다면 계약이 끝난 후
아무것도 남지 않을 것이다. 중요한 것은 사람이다.

♣ *One Line of Today* ♣

Nothing is due you

세상에 당연한 것은 없다

❝ 고지서에 나온 요금들은 스스로 생활비를 벌어 납부해야 한다.

어떤 사람들은 회사의 모든 사람들에게 뭐든지 배우겠다는 열정적인 자세를 가지고 사무실에 찾아온다. 그러나 어떤 사람들은 면접에서 "저는 ◎◎대학을 졸업했어요. 그러니 이 회사에 취직할 수 있는 자격이 있습니다"라고 당연하다는 듯 말한다. 아마도 후자의 유형은 본격적으로 직업을 가져본 적이 없을 것이고, 사회봉사를 해본 적도 없을 것이다. 냉정히 평가하면 거의 아무것도 해본 적이 없을 것이다.

나는 7살 때부터 부모님의 가게에서 계산대 업무를 해왔다. 부모님은 내가 계산기에 키가 닿을 수 있도록 사탕상자를 발밑에 대주곤 했다. 나는 친구들이 밤에 놀러갈 때, 주말과 연휴에도 물건을 채워놓고 마루를 쓸며 일했다. 밑바닥부터 시작하겠다는 열정이야말로 앞으로 발전해 나갈 수 있는 원동력이 된다. **❞**

― **Dana Spain-Smith** *DLG 미디어홀딩스 오너 다나 스페인 스미스*

 바닥부터 시작하라. 사회적인 지위나 직책, 쉽게 버는 돈에 대해서는 생각하지 마라. 바닥부터 한 단계씩 배워나가면서 성장하라.

Listen not only
with your ears,
but with your eyes

경청은 귀뿐 아니라
눈으로도 할 수 있다

❝ 말은 참 쉬워 보이지만 행동으로 옮기기는 매우 힘든 것이 바로 눈으로 하는 경청이다. 우리는 모두 한 번에 몇 가지 일을 동시에 하려고 드는 경향이 있는데, 그러는 사이 우리의 마음은 정신없이 돌아다니게 된다. 당신은 정신없이 헤매고 있는 마음을 다잡고, 앞에 있는 사람의 말에 집중해야 한다. 그러면 당신은 더 나은 인간관계를 구축할 수 있고, 더 좋은 성과를 올릴 수 있으며, 모든 방면에서 더 좋은 결과를 만들어낼 수 있다. 왜냐하면 에머슨이 말했듯이 '이해받는다는 것은 자주 느낄 수 없는 큰 기쁨'이기 때문이다.

사람들은 누군가 자신의 말에 귀 기울이고 있으면 굉장히 큰 만족감을 느끼게 된다. 당신이 사람들의 말을 경청한다면, 장담하건대 반드시 그 대가를 얻게 될 것이다. 만약 99%의 사람들이 당신의 말을 경청하지 않는다면 당신은 군중 속에서 고립감을 느끼게 될 것이다. **❞**

─ *Andrea Nierenberg* 니렌버그 그룹 대표 안드레아 니렌버그

 형식적인 칭찬의 말에는 마음이 움직이지 않지만,
자신의 이야기를 진지하게 들어주는 사람에게는 끌릴 수밖에 없다.

The most important obligation in your life is to fulfill your destiny

인생에서 가장 중요한 의무는 운명을 실행하는 것이다

66 자기실현은 당신에게 굉장한 대가를 상으로 줄 것이다. 우리는 각기 다른 운명을 가지고 있다. 우리가 만약 자신의 운명을 실행하지 못한다면 세상은 불완전해질 것이다. 당신의 운명을 실행하기 위해 당신은 가슴이 하는 말에 지속적으로 귀 기울여야 한다. 당신은 항상 최선을 다하고, 포기하지 않는다는 마음가짐으로 노력해야 한다. 인생의 여정은 필연적으로 위험과 실패가 따른다. 진정한 삶의 비밀은 칠전팔기인 것이다. **99**

— ***Michael Bronner*** 유프라미스 앤 디지타스 설립자 마이클 브로너

운명이 당신을 어디로 데려가든 당신은 그 운명을 실행해야 한다. 그렇지 않으면 돈, 아름다움, 명예 그 어떤 것에도 만족할 수 없는 삶을 살게 될 것이다.

Life is too short to do something you don't care about

관심도 없는 일을 굳이 하기에는 인생이 너무 짧다

❝ 별로 의미가 없는 일이나 관심도 없는 일을 하기에 인생은 너무 짧다. 나는 종종 우리가 하는 일이 설탕이 가득한 음료수를 선호하는 사람들의 습관을 바꾸는 데 도움을 주고 있다는 사실에 굉장히 뿌듯함을 느낀다. 또 어떤 날은 우리가 지속 가능한 농업을 전파하는 데 도움을 주고, 공정 노동의 모범이 되고 있다는 사실에 뿌듯함을 느낀다. 그리고 회사의 성공이 직원과 그들의 가족에게 도움이 될 거라는 사실 또한 기쁨이 된다. 이처럼 뿌듯함과 기쁨을 추구하면서 일을 하면 그것은 일처럼 느껴지지 않고 마치 나의 소명처럼 느껴진다. ❞

— ***Seth Goldman*** 유기농 음료 브랜드 어니스트 티 CEO 세스 골드만

 당신의 창의력과 신념을 자극하는 일을 할 때, 그것은 더 이상 따분한 일이 아니다. 당신 자신에 대한 표출의 하나인 것이다.

Freedom has to be earned,
not given

자유는 누가 주는 것이 아니라
쟁취하는 것이다

❝ 나는 중국에서 북경대학교를 졸업하고, 대학원에 진학하기 위해 미국으로 건너왔다. 내가 중국을 떠날 때 중국에서는 자유를 얻기 위한 운동이 막 시작되고 있던 참이었다. 중국인들은 몇 세대 동안 자유를 위해 싸워왔고, 그 과정에서 수백만 명의 사람들이 목숨을 잃었다.

가방 두 개만 달랑 양손에 들고 미국에 처음 도착했을 때 나는 눈에 보이는 모든 것들이 너무 비싸다고 생각했다. 반면에 자유는 미국에서 너무도 흔한 것이었다. 헐값이다시피 한 자유는 미국의 모든 사람들에게 주어졌으나, 많은 사람들은 자유를 누리며 도전하는 삶을 사는 것이 아니라 스스로의 삶을 얽매고 있었다.

미국에서 내가 가진 꿈을 이루기 위해 노력하면서 항상 얼마나 많은 중국인들이 우리가 당연한 듯 누리고 있는 자유를 갈망하는지 생각한다. 당신이 어느 나라에 있든 진정한 자유는 누군가에게 받는 것이 아니라 스스로 쟁취해 나가야 하는 것이다. ❞

— *Chun Yu* 시인 천 유

당신이 희망하는 모든 것을 그저 상상으로만 그치고 말 것인가? 상상하는 단 한 가지라도 쟁취하는 기쁨을 만끽해 보기를 권한다.

*New ways of seeing leed to
new ways of being*

새로운 시선은 새로운 존재로 인도한다

❝ 우리는 잔인한 세상을 바로 세워야 할 책임이 있으며, 고통을 이해와 즐거움으로 바꾸어야 한다. 또 아직 오지 않은 세대들을 위해 상상의 세계를 현실로 구현해야 한다. 그러기 위해 우리가 받은 가장 훌륭한 선물인 열정과 상상력, 고통, 욕망을 캐내고 바꾸어야 한다. 이러한 것들은 신의 일이지만, 그 신은 바로 우리 안에 살고 있는 힘이다. ❞

−***Howard Bloom*** 철학자 하워드 블룸

무엇이 두려운가? 당신이 원하는 것, 뜻하는 것을 이루기에 당신의 능력은 부족함이 없다.

Experiences

도 전 하 는   삶

Prepare your mind

준비된 마음가짐을 가져라

“ 인생에는 유통기한이 없어 절대로 변하지 않는 몇 가지가 있다. 인생의 열쇠는 항상 마음속에 있다. 적절한 교육을 통해 잘 준비된 마음가짐을 가진 사람이라면 인생의 막다른 골목에서 성공할 수 있는 기본을 갖추고 있는 셈이다. 그러나 그것이 성공을 보장해 주지는 않는다. 다만 성공으로 가는 기회를 열어줄 뿐이다. 우리는 성공보다 실패를 훨씬 많이 겪는다. 진정한 시험은 바로 이것이다. 당신은 역경을 딛고 일어설 수 있는가?

나는 브룩클린의 오랜 친구들에게 충격을 받은 적이 있다. 유색인종이라는 이유로 그들은 대부분 너무나 제한된 꿈을 가지고 있었다. 자신들의 학교, 친구, 이웃들에 너무 익숙해져 버린 그 친구들은 '왜들 브룩클린을 떠나려고 하지?'라고 의아해했다. 그들은 더 넓은 세상을 꿈꾸지 않았다. 교육은 당신을 여행하도록 만든다. 당신이 익숙한 환경을 떠나 스스로를 열고 새로운 사람과, 새로운 생각을 받아들이고 도전할 의지가 있다면 '교육'은 당신에게 날개가 되어줄 것이다. ”

— *Juan Williams* 작가 겸 정치 분석가 후안 윌리엄스

 잘 준비된 마음가짐은 당신이 쓰러질 때마다 다시 일어날 수 있는 발판이 된다. 준비된 마음가짐이야말로 진정 가치 있는 보물이다.

Get off your block
당신 앞의 벽을 없애라

❝ 당신 앞의 벽을 없애기 바란다. 어려운 환경 속에 살고 있는 아이들에게 특히 해주고 싶은 말이다. 아이티에 가서 그들의 가난을 직접 목도한 이후 나는 예전과 같은 시선으로 세상을 바라볼 수 없었다. 아마 당신이 나와 같은 경험을 했다면 마찬가지였을 것이다. 나는 나중에 아이티 여행이 내게 얼마나 큰 영향을 미쳤는지 깨달았고, 사우스브롱크스(Sustainable South Bronx)라는 환경단체를 설립했다. 나는 자신을 위해 나서줄 이가 없는 사람들을 위해 작은 목소리가 되어주고 싶었다. ❞

— ***Majora Carter*** 사우스브롱크스 설립자 마조라 카터

 사람들은 앞에 보이는 것이 무엇인지에 따라 세상을 보는 눈이 달라진다. 그러므로 세상을 보는 당신의 시야를 넓히는 것이 좋다. 당신의 모든 것이 바뀔 것이다.

Become comfortable with ambiguity

불확실함에 익숙해져라

❝ 기업가는 불확실한 상황을 인내하고 수용할 수 있어야 한다. 사업을 하다보면 모든 것이 항상 분명하게 보이지는 않기 때문이다. 사람들은 보통 어떤 사항을 결정할 때에는 자료를 모두 모아 분석한 후 결정을 내리는 것이 가장 좋은 방법이라고 생각한다. 그러나 사업상 중요한 결정들은 의외로 직감에 의해 내려지는 경우가 많다. 당신이 지금 당장 모든 자료와 답을 가지고 있지 않아도 괜찮다. 결정하고 밀고 나가라. ❞

― ***Neil Senturia*** *벤처 캐피털리스트 닐 센투리아*

우리는 안개 낀 세상에서 살아갈 각오를 해야 한다.
그것은 마치 구름 속을 비행하는 비행사의 느낌일 것이다.
때로는 당신의 느낌에 의지해 나아갈 수도 있어야 한다.

Promote a positive image
around the world

세상에 긍정의 씨앗을 심어라

f 국민으로서 나라의 이미지를 향상시킬 수 있는 방법은 셀 수 없이 많다. 오직 단 한 사람이 그런 노력을 한다 해도 그 한 사람으로 인해 세상은 훨씬 더 좋아질 것이다. 그러한 노력이 단지 두 사람 간의 사적인 대화에서 시작된다고 하더라도 그 대화의 효과는 굉장히 커질 수 있다. 사소해 보이는 대화로 인해 상대방이 우리나라를 생각했을 때 떠올리는 이미지가 형성된다. 그 사람은 그 이미지를 두 명, 열 명, 혹은 수십 수백 명의 사람들과 나눌 것이다.

외국어를 하나 이상 배우거나 외국에 나가 공부하라. 평화봉사단에 가입하라. 우리나라 밖에 있는 사람들을 위해 봉사하라. 세상 사람들의 의견에 귀 기울이고, 그들과 함께 의견을 나누어라. 당신이 외국인과 어울리는 기회가 있을 때마다 자신을 외교관이라고 생각하라. 좀 더 많은 사람들이 자신이 바로 자국을 대표하는 외교관이라는 사실을 깨닫길 바란다. ™

— **Russ Feingold** 미 상원의원 러스 페인골드

긍정적인 에너지든, 부정적인 에너지든 어느 정도 전염성을 가지고 있다. 이왕이면 긍정의 에너지를 퍼뜨리는 사람이 되라.

♣ *One Line of Today* ♣

Stay interested,
and be interesting

흥미진진한 삶을 살라
그리고 흥미로운 사람이 되라

66 오래 전 친구의 벽난로에 새겨진 이 문장을 보았다. 그 뒤로 가슴 깊이 새겨진 이 문구는 내 삶의 지향점이 되었다. 나는 나이 때문에 모든 것을 포기하는 사람도 보았고, 아이에게 자신의 모든 것을 희생하는 사람도 보았다. 나는 우리 아이들을 매우 사랑하지만, 아이만 보고 살아갈 수는 없다고 생각한다. 교외에서 살아가는 여자들은 보통 운전기사 노릇을 자처하고, 남편은 워커홀릭인 경우가 많다. 당신은 지적인 욕망을 가지고 지식을 추구하며 살아가야 한다.

　나는 친환경 농장을 적극 지원하고 지구를 좀 더 건강한 곳으로 만드는 데 일조해 왔다. 또 농약과 발암물질을 넣지 않은 물건을 만들어 여성의 삶을 좀 더 건강하게 만들려고 노력하고 있다. 나의 삶은 내가 하고 있는 이 일들 덕분에 흥미진진하다. **99**

— *Karen Behnke* 주스 뷰티 CEO 카렌 벤케

 흥미는 가장 좋은 스승이다.

Don't color inside the lines

무언가에 얽매이지 마라

❝ 첫째, 무언가에 얽매이지 마라. 둘째, 당신의 몸은 비록 나이를 먹을지라도, 당신의 마음과 영혼이 같이 나이를 먹을 필요는 없다. 셋째, 어떤 것도 미워하지 마라. 누군가를 미워하는 것은 에너지 소모가 크고 당신을 아프게 한다. 넷째, 당신 자신이 아닌 다른 무언가가 될 필요는 없다. 다섯째, 간디와 무하마드, 예수, 하즈라트 이나야트 칸, 노자, 부처, 마틴 루터 킹, 그리고 위니 더 푸우를 읽어라. 이 모든 이야기에는 배울 점이 있다. 여섯째, TV를 너무 많이 보지 마라. 특히 뉴스를 많이 보지 마라. 굳이 TV를 본다면 나는 공영방송을 추천한다. 일곱째, MTV(음악 채널)는 좋지 않다! 여덟째, 헤드폰을 끼고 불을 꺼라. 그리고 핑크 플로이드의 ⟨Dark Side Of The Moon⟩과 비틀즈의 ⟨Sgt. Pepper⟩를 들어라. 이 음악들을 들어보지 않는다면 당신은 진정으로 살고 있는 것이 아니다. 아홉째, 당신의 적을 친구로 만들어라. 열 번째, 죽기 전에 하고 싶은 일의 리스트를 만들어라. 그리고 실행하라. ❞

— ***Steve Messina*** *음악가 스티브 메시나*

무언가에 얽매이지 않는 삶을 사는 것은 쉽지 않다. 재물, 권력, 이해관계 어느 것 하나 쉽지 않다.
그러나 이것을 실행하면 자유로운 삶을 살 수 있다.

Turn off
the computer and read

컴퓨터를 끄고 책을 읽어라

❝ 독서는 굉장히 중요한 교육이며, 학교를 졸업하더라도 평생 해야 할 것 중의 하나이다. 독서는 다른 사람들과의 소통을 도와주고, 어휘력을 풍부하게 해주며, 다른 문화를 접할 수 있도록 만들어준다. 요즘 학생들은 꼭 읽어야 하는 책 이외에는 잘 읽지 않는 것 같다. 당신은 지금 읽는 것보다 더 많이 읽어야 한다. 여러 장르의 책을 접해 보라. 고전 소설부터 최신 베스트셀러까지 최대한 많은 책을 읽어라.

당신이 독서를 시작하면 세상은 당신을 향해 두 팔을 벌릴 것이다. 나의 부모님은 내게 독서의 즐거움을 가르쳤다. 독서는 당신을 생각하게 만들고 주변 세상에 좀 더 감사하게 만든다. 《앵무새 죽이기》는 내가 가장 좋아하는 소설이다. 정말 훌륭한 작품이다. 그 작품의 주인공인 변호사 핀치는 내가 변호사의 꿈을 가지게 만든 인물이다. ❞

— *Pat Finnegan* 미 육군사관학교 학장 팻 피네건

 삶의 질은 당신의 습관에 의해 결정된다.

Grasp with both hands any experiences different from your normal life

일상과 다른 경험을 두 손으로 꽉 잡아라

66 새로운 음식을 맛보고, 새로운 환경에 도전하라. 개인적으로 무엇보다 일 년 정도 외국생활을 하며, 다른 문화를 경험해 보는 것이 최고라고 생각한다. 내 인생에 가장 큰 영향을 미쳤던 시간은 박사학위를 위해 일본에 머물렀던 일 년이었다. 이러한 경험을 하는 것은 어릴수록 더 좋다. 인생을 사는 동안 결코 후회하지 않을 일이다. **99**

― ***Tony Leggett*** 물리학자, 2003년 노벨 물리학상 수상 토니 레깃

 인간은 자신이 경험한 만큼 느끼는 법이다.
우물 안 개구리가 되지 않으려면 좀 더 넓은 세계로 나아가라.
지금 당장 일상에서 벗어나 여행을 떠나라.

No matter what school you've gone to, that's not what makes you great

어떤 학교를 졸업했든 학벌이 당신을 훌륭한 사람으로 만들지는 않는다

66 학교는 일종의 감옥과 같다. 지정된 시간에 등교해야 하고, 문제를 일으키면 안 된다. 그러나 학교와 일은 다르다. 의과대학에서 좋은 성적을 거두었다고 해서 훌륭한 의사가 되는 것은 아니다. 진정한 성공을 위한 인생의 다음 단계는 그동안 받은 교육에 당신의 커리를 더하여 버무리는 것이다. 다만 당신의 커리어를 위해 하는 일이 무엇이든 그것이 당신을 기분 좋게 만들어야 한다. 누구나 직장에 다니면서 힘든 날들을 겪게 될 수도 있다. 업무에 있어 부정적인 일들이 끊임없이 일어난다면 그 일은 당신에게 맞지 않는 것이다. **99**

*— **Lauren Zalaznick*** 브라보 TV 대표 로렌 잘라즈닉

 좋은 학교를 나온 것으로 그 사람의 능력이 결정되는 것은 아니다. 자신의 일에서 새로운 경험을 쌓는 데 전력을 다하지 않으면 성공은 더더욱 요원하다.

Change the world one step at a time, one person at a time

한 번에 한 발자국씩 세상을 바꾸어라

❝ 1968년 겨울, 23살 때 나는 교외 주간지의 스포츠 기자로 일하며, 대부분의 시간을 고교 농구와 레슬링 기사를 쓰면서 보냈다. 그러다 보니 지역 고등학교의 한 레슬링 코치와 친구가 되었고, 우리는 금요일 밤의 경기가 끝나면 함께 저녁을 먹는 사이가 되었다. 어느 날 밤 나는 베트남 전쟁을 못마땅해 하는 자신을 발견했고, 왜 미국은 항상 나라 간에 문제가 있을 때 전쟁을 해결방법으로 삼아야 하는지 친구에게 물었다. 레슬링 코치인 친구를 만날 때마다 나는 이 문제에 대해 불평을 해댔고, 친구는 몇 주 동안은 참을성 있게 들어주었다. 그러던 어느 날 친구는 두 손을 들더니 소리쳤다.

"제리, 잠깐만!"

나는 깜짝 놀라 더듬거리며 친구를 바라보았다.

"왜?"

친구는 나를 잠시 바라보더니 말했다.

"만약 네가 어딘가에 전쟁보다 더 좋은 길이 있을 거라고 믿는다면 넌 왜 아무것도 하지 않는 거야?"

나는 가슴이 내려앉는 것 같았다. 누구도 내게 그런 식으로 말을 하지는 않았다. 친구의 그 한마디는 내 삶을 바꾸어버렸다. 그 다음 주 나는 평화봉사단에 가입했다. **99**

— *Jerr Boschee* 사회적기업연합 대표 제르 보쉐

 우리는 세상에 대한 불만을 토로하면서도 세상을 바꿀 엄두조차 내지 못한다. 변화는 작은 데서부터 시작된다. 참여하라.

♣ *One Line of Today* ♣

Live your life in thirds

삶을 삼등분하라

66 나의 친구이자 멘토인 짐 앨리스는 오늘을 계속 따라가라는 삶의 철학을 나와 함께 나누었다. 짐은 시애틀의 가장 저명한 사회 지도자 중 한 명이다. 그의 노력 덕분에 이 지역은 더욱 깨끗하고 푸르러졌다. 짐은 자신의 삶을 삼등분했기 때문에 훌륭한 성과를 거둘 수 있었다. 그는 3분의 1은 업무에, 3분의 1은 커뮤니티에, 나머지 3분의 1은 가족에게 시간을 할애했다. 나는 짐의 철학을 내 삶에 적용했고, 지금까지 지켜오고 있다. 나는 내가 하는 일이 이 사회에 의미 있는 일이 될 수 있도록 항상 주의를 기울인다. REI(Recreational Equipment)는 아웃도어 활동에 대한 나의 열정과 일을 조절할 수 있는 드문 기회를 가진 회사였다. 나는 지역사회의 구성원이 됨으로써 더욱 나은 내가 될 수 있었고, 사람들과 함께 일하며 다음 세대도 즐길 수 있는 유산을 남길 수 있게 되었다. 물론 가족과 친구들에게 3분의 1의 삶을 할애함으로써 종종 밖에서 함께 즐거운 시간을 만끽할 수 있었다. **99**

– ***Sally Jewell*** *REI CEO 샐리 주웰*
REI는 미국에서 일하고 싶은 회사 순위에서 베스트 10위권 안에 드는 회사이다.

일, 가정, 사회 세 곳에서의 조화로운 삶은
당신을 풍요롭게 만들어줄 것이다.

Be a role model
for those who come after

누군가에게 롤모델이 되라

66 내가 14~15살이었을 때 10대 아이를 구하는 일자리 공고를 보고 한 에이전시에 찾아간 적이 있다. 그날 몇 차례의 테스트를 보고 나서 며칠 뒤 결과를 들으러 다시 그 에이전시에 갔다. 결과는 참혹했다. 에이전시 직원은 내 시험결과가 정말 엉망이고, 내가 앞으로 할 수 있는 것은 오직 단순 노동뿐일 거라고 말했다. 가족들은 그 뒤에도 날 항상 지지하고 응원하며 계속 교육을 받을 수 있도록 도와주었지만, 그때 그 직원의 말은 항상 내 마음속에 상처로 남았다.

나는 공부를 계속하여 일리노이의 루즈벨트 대학에서 석사학위를 취득했고, 지금은 2800만 명으로 구성된 미국에서 가장 큰 조직의 대표가 되었다. 심지어 내가 졸업한 고등학교에는 내 사진이 명예의 전당에 걸려 있다. 나는 내가 포기하지 않고 계속 공부를 했기 때문에 지금의 위치에 이를 수 있었다고 생각한다. 기분 좋은 일이다. 99

*— **Reg Weaver** 국립 교육협회장 레그 위버*

 누군가의 롤모델이 되고 존경을 받는 것만큼 뿌듯한 일은 없다. 당신이라고 못하란 법은 없다.

Go explore

넓은 세상을 여행하라

❝ 우리는 너무 코앞만 보면서 살고 있다. 특히 대학을 졸업하고 완벽한 직업을 찾거나 바로 MBA를 취득하려고 하는 이 시대의 젊은이들이 그렇다. 잠시 멈추고 숨을 깊게 들이쉬어 보자. 세상은 일 년 열두 달 동안 당신 없어도 잘 돌아가지만, 당신은 이 세상이 없다면 한 순간도 살 수 없다.

밖으로 나가 세상을 경험해 보라. 당신은 이제 왜 프랑스 사람들이 프랑스 사람인지, 호주 원주민들의 문화가 얼마나 중요한 것인지 이해할 수 있을 것이다. 혹은 동남아시아의 불교가 주는 느낌을 알게 될 것이다. 만일 이런 경험 없이 사회에 뛰어든다면, 세상이 과연 무엇인지에 대한 아무런 의식 없이 사회생활을 시작하는 셈이 된다. 그러니 엄마 품을 벗어나 잠시 개인적인 꼬리표는 떼어버리고 밖으로 나가 세상을 경험해 보라. 그리고 돌아와 진정한 삶을 시작하라. ❞

– *Teresa Rodriguez Williamson*
탱고 디바 설립자 테레사 로드리게즈 윌리암슨

밖으로 나가 세상을 경험해 보라. 그럼 당신은 세상을 손에 쥘 수 있을 것이다. 세상에 나가 다른 누구도 가지지 못한 수많은 경험을 가지고 다시 돌아와라.

♣ *One Line of Today* ♣
Follow the fun
즐거운 일을 따라가라

❝ 이 통계가 사실이라면 58%나 되는 사람들은 자신의 직업을 싫어한다. 그렇다면 그 58%는 즐거움이 아닌 다른 무언가를 좇으며 살고 있다는 말이다. 나는 그 무언가가 바로 돈일 거라는 생각이 든다.

몇 달 전 사우스 캘리포니아 대학에서 즐거움에 대한 강연을 했다. 강연 후 모두 자리를 떠났을 때 한 학생이 내게 다가와 이렇게 말했다.

"당신이 말한 모든 것들은 우리 부모님이 언제나 내게 해야 한다고 말했던 것과 정반대였어요."

다행히 나의 부모님은 보통의 부모들과는 달라 내게 행복하라고 당부한 게 전부였다. 그 말은 지구 역사상 가장 훌륭한 선물이다. 덕분에 나는 대학 졸업 후 록앤롤 밴드에 들어갔다. 아버지는 그 소식을 듣고 굉장히 좋아했다. 아버지는

"네가 받은 교육을 전부 쓰레기통에 갖다 버리고 있구나!"라거나, "너는 변호사가 됐어야 하는데" 따위의 말은 하지 않았다.

당신을 행복하게 하는 것이 무엇인지 찾기 위해서는 일을 하지 않는 주말에 무엇에 시간을 할애하는지 스스로를 관찰할 필요가 있다. 무엇이 당신을 편안하게 하고 시간이 빨리 가게 만드는지 생각해 보라. 당신이 그 일이 무엇인지 발견한다면 삶을 더욱 사랑하게 될 것이다. 나는 지금껏 내가 사랑하지 않는 일에는 한 시간도 써본 적이 없다. **99**

— ***Mike Veeck*** 세인트 폴 세인트 구단주 마이크 빅

 진정한 행복은 다른 사람이 세운 기준에 따라 사는 것이 아니라 자신이 원하는 삶을 따라갈 때에만 느낄 수 있다.

엮은이 | 크리스 테일러

크리스 테일러는 캐나다 밴쿠버에서 태어났으며,
〈스마트머니 SmartMoney〉와 〈월스트리트 저널 The Wall Street Journal〉의
퍼스널 파이낸스지에서 기자로 활동했다.
또한 그는 〈파이낸셜 타임즈 The Financial Times〉, 〈머니 Money〉
〈베스트라이프 Best Life〉, 〈에스콰이어 Esquire〉
〈리더스 다이제스트 Reader's Digest〉
〈US 뉴스&월드 리포트 US News & World Report〉 등
세계 유수의 언론에 칼럼을 기고하는 등
저널리스트로서 왕성하게 활동하고 있다.
수상 경력도 화려해 미국 언론인 단체인
내셔널프레스클럽(National Press Club)과 데드라인클럽(the Deadline Club)
그리고 전미부동산편집자협회(National Association of Real Estate)
등으로부터 저널리즘상을 수상한 바 있다.
그는 현재 뉴욕 브룩클린에서 아내 라인 장 루이
그리고 아들 재커리와 함께 살고 있다.

옮긴이 | 윤수아

성신여대 영어영문학과를 졸업하고 문화커뮤니케이션학과를 복수전공했다.
언어와 커뮤니케이션에 관심이 많은 그녀는
현재 캐나다 라이어슨(Ryerson) 대학교에서 저널리즘을 공부하고 있다.

내 인생을 바꾼

지혜의 한 줄

초판 1쇄 인쇄 _ 2012년 2월 05일
초판 1쇄 발행 _ 2012년 2월 15일

엮은이 _ 크리스 테일러
옮긴이 _ 윤수아

펴낸곳 _ 세상풍경
펴낸이 _ 최형준
편집인 _ 최윤서

디자인 _ 디플 ┃ **제작** _ 미르인쇄 ┃ **제판** _ 한국커뮤니케이션

등록 _ 2007년 3월 28일 제313-2007-81호
주소 _ 서울 마포구 서교동 481-1번지 신형빌딩 2층
도서 문의 _ 전화 02-322-4491 ┃ **이메일** seniorc@naver.com
도서 주문 _ 전화 02-322-4410 ┃ **팩스** 02-322-4492
도서 물류 _ 북패스 031-953-2913 경기도 파주시 파주읍 백석리 453-1

값 13,500원
ISBN 978-89-966675-4-4 03320